WESTEND

Unsere Vorfahren kannten die Antwort: Wenn du jemanden anderen verletzt hast, mußt du dafür die Verantwortung übernehmen.

Denn wenn die Wahrheit gesagt wird, wird ein Heilungsprozess in Gang gesetzt, der zurück zu Frieden führt.

Dieses Essay von Clivia von Dewitz ist ein Akt der Rückbesinnung an die Wahrhaftigkeit dieses wertvollen Prozesses.

Abby Abinanti, Oberste Richterin
des Yurok-Stammes, Kalifornien, USA

Gerechtigkeit durch Wiedergutmachung?

Zur südafrikanischen Wahrheitskommission und deren Übertragbarkeit auf den Ukraine-Konflikt.

Clivia von Dewitz

WESTEND

Mehr über unsere Autoren und Bücher:
www.westendverlag.de

Die Deutsche Nationalbibliothek verzeichnet diese Publikation in
der Deutschen Nationalbibliografie; detaillierte bibliografische Daten
sind im Internet über http://dnb.d-nb.de abrufbar.

ISBN: 978-3-86489-441-1
1. Auflage 2024
© Westend Verlag GmbH, Neu-Isenburg 2024
Umschlaggestaltung: Buchgut, Berlin
Satz: Publikations Atelier, Weiterstadt
Druck und Bindung: Friedrich Pustet GmbH & Co. KG, Regensburg
Printed in Germany

Inhalt

Geleitwort von Mary Burton

Clivia von Dewitz bringt ihre unterschiedlichen Erfahrungen mit der Dokumentation von Menschenrechtsverletzungen in Südafrika durch ihr Praktikum an der Wahrheits- und Versöhnungskommission (TRC), ihre Kontakte mit nordamerikanischen indigenen Völkern in deren Streben nach Gerechtigkeit und Wiedergutmachung und ihre Arbeit als Richterin in ihrem eigenen Land zusammen, um sich auf die Aufgabe zu konzentrieren, die nach dem Ende des Krieges in der Ukraine auf Gesellschaften zukommen wird, wenn Versöhnung und Wiedergutmachung angestrebt werden sollen.

Die ganze Welt, so scheint es, braucht neue Wege, um mit Unterdrückung, Ungerechtigkeit und gewaltsamen Konflikten umzugehen. Sie leidet unter dem Flächenbrand im Nahen Osten, den internen Kriegen und Konflikten in Afrika und anderen Teilen der Welt. Es müssen alle Möglichkeiten ausgelotet werden, um die Feindseligkeiten zu beenden und das beschädigte und zerstörte Gefüge einer jeden Gesellschaft zu reparieren.

Clivia von Dewitz hat sich von ihren Erlebnissen und Erfahrungen während ihres Praktikums bei der südafrikanischen Wahrheits- und Versöhnungskommission inspirieren lassen und sucht nach Möglichkeiten, das Leid der Opfer anzuerkennen und gleichzeitig den Tätern von Menschenrechtsverletzungen die Möglichkeit zu geben, für ihre Taten Amnestie zu erlangen.

Individuelle Erklärungen vor Wahrheitskommissionen leisten einen sehr wichtigen Beitrag zu einer angemessenen Geschichtsschreibung und fördern das Verständnis für die Vergangenheit sowie die Motivation für Wiedergutmachung und die Wiederherstellung der allen Menschen zustehenden Grundrechte.

Die Mechanismen für solche Prozesse einer Übergangsjustiz variieren je nach Situation und sind von Land zu Land unterschiedlich. Südafrika hatte das außerordentliche Glück, eine von Erzbischof *Desmond Tutu* geleitete Kommission zu haben, die sich aus Bürgern mit unterschiedlichem Hintergrund zusammensetzte, wohingegen sich viele andere Länder an internationale Experten gewandt haben, um Vertrauen und Unparteilichkeit zu gewährleisten.

Nach einem Krieg ist die Notwendigkeit von Wiedergutmachung und Wiederaufbau unvermeidlich, und auch hier wird es von entscheidender Bedeutung sein, einen vertrauenswürdigen und unparteiischen Mechanismus für die Umsetzung zu finden.

Dies ist ein zeitgemäßer und würdiger Beitrag zu den Bemühungen um eine friedliche Beilegung von Konflikten und eine Rückkehr zu Gesellschaften, die rechtsstaatlichen Grundsätzen verpflichtet sind.

Kapstadt, im November 2023

Mary Burton
Kommissionsmitglied der südafrikanischen
Wahrheits- und Versöhnungskommission

Danksagung

Mein besonderer Dank gilt Prof. Dr. *Gerhard Werle*, der mich im Rahmen meiner Zeit als studentische Hilfskraft an seinem Lehrstuhl an der Humboldt-Universität zu Berlin in den 90er-Jahren sehr ermutigt hat, bei der südafrikanischen Wahrheits- und Versöhnungskommission ein Praktikum zu absolvieren. Der Studienstiftung des deutschen Volkes danke ich für die finanzielle Unterstützung dieses Praktikums. Prof. Dr. *Janet Cherry* danke ich sehr für die engagierte Betreuung im Büro der Wahrheitskommission in East London im Frühjahr 1997 und unseren bis heute bestehenden freundschaftlichen Kontakt und Wissensaustausch.

Sehr freue ich mich, dass *Mary Burton*, südafrikanische Aktivistin und eine der 17 Kommissare der südafrikanischen Wahrheitskommission, das Geleitwort für dieses Buch verfasst hat. Ein ganz besonderer Dank gilt weiter dem ehemaligen Verfassungsrichter *Albie Sachs* für ein ausführliches Interview im Oktober 2023 und den Epilog zu diesem Buch.

Besonders möchte ich Prof. Dr. *Jörg Arnold* danken, der mir im Rahmen seines Forschungsprojekts »Strafrecht in Reaktion auf Systemunrecht« am Max-Planck-Institut für ausländisches und internationales Strafrecht in Freiburg ermöglicht hat, den Umgang Südafrikas mit seiner Apartheid-Vergangenheit näher zu erforschen, und mich darüber hinaus stets motivierend begleitet hat. Weiter danke ich Dr. Dr. h. c. *Michael Kilchling* vom Max-Planck-Institut für die anregenden Gespräche über *Restorative Justice*.

Ein besonderer Dank gilt auch Prof. Dr. *Bernhard Schlink* für anregende Gespräche sowie Prof. Dr. *Christian Tomuschat* für wertvolle Anregungen und Erfahrungsberichte aus seiner Zeit als Vorsitzender der guatemaltekischen Wahrheitskommission. Weiter möchte ich herzlich Prof. Dr. *Felix Herzog* und Prof. Dr. *Lorenz Böllinger* für inspirierende Gespräche in den letzten Jahren danken.

Mein großer Dank geht auch an meine langjährigen Freunde *Ruth Schabernack, Carolina Visser, Sue Thompson, Petra-Maria Popp, Julia Jäger, Annette Smith, Hannelore Rueedi, Stefanie Büse, Christina Zampas, Jens-Peter Winkler, Ralf Plüschke, Jolana Šorová, Michael Bock, Jens Lagemann, Anna Tamina Lagemann, Volker Suhrbier, Angela Bernhard, Ulrike* und *Eddy Stock, Eddie Ngatai* und *Patrick Visseq.*

Ein besonderer Dank geht an *Eli Jaxon-Bear* für seine langjährige Unterstützung und Ermutigung, meinen Visionen treu zu bleiben.

Mein besonderer Dank gilt weiter Dr. *Volker Hettler*, der dieses Buchprojekt mit wichtigen Hintergrundinformationen zur Ukraine bereichert hat; meiner langjährigen Freundin aus Studienzeiten *Tanja Galander* für Ihre wertvolle Unterstützung für dieses Buchprojekt, *Jürg Vollenweider, Vera Splittstößer, Gabriela Henning, Kay Schulz, Antje Triebel, Caroline Frey, Thomas Wagner, Edgar Siemund, Bettina Ehrhardt, Matthias Namgalies*, Prof. Dr. *Rudolph Bauer*, Dr. *Jörg Kriewitz*, Dr. *Thomas-Michael Seibert* und Dr. *Volkmar Schöneburg* für das Gegenlesen des Manuskripts mit wertvollen Anregungen. Ich danke *Wolfgang Nešković* für die Empfehlung an den Westend Verlag.

Schließlich habe ich dem Westend Verlag für die Annahme meines Essays zur Veröffentlichung und die zügige Publikation ganz besonders zu danken. Mein Dank gilt insbesondere Markus Johannes Karsten, Dr. Lea Mara Eßer und Rüdiger Grünhagen.

Meine Zeit als Praktikantin an der südafrikanischen Wahrheitskommission hat mir die begrenzten Möglichkeiten einer strafrechtlichen Unrechtsaufarbeitung aufgezeigt. Es hat mich erleben lassen, wie viel Heilung für Opfer in der Möglichkeit, ihre Geschichte erzählen zu können, liegt und wie gebrochen manch ein Polizeibeamter wirkte, der an Tötungsaktionen beteiligt war und vor dem Amnestieausschuss ausgesagt hat. Es hat mir in besonderer Weise die Bedeutung des Zur-Tat-Stehens von Tätern für den Heilungsprozess der Opfer vor Augen geführt und mir verdeutlicht, dass die Rolle von uns Richtern auch darauf ausgerichtet sein kann, auf Friedensstiftung und auf Versöhnung in Strafverfahren hinzuwirken.

Dieses Essay gibt meine persönliche Meinung wieder, die sich auf der Grundlage meiner Analyse des Praktikums 1997 an der Wahrheitskommission in East London, Südafrika, aber natürlich gleichfalls meiner Erfahrungen als Richterin an verschiedenen Amtsgerichten in Schleswig-Holstein und Mecklenburg-Vorpommern seit 2007 und längeren Forschungsreisen nach Neuseeland, Kanada und den USA zwischen 2018 und 2020 herausgebildet hat.

Zu tiefem Dank bin ich meiner Familie, insbesondere meinen Eltern verpflichtet, die mich immer ermutigt haben, mich für die Schwächeren einzusetzen. Meine Mutter pflegte zu sagen, auch wenn wir die Welt nicht verändern können, können wir doch dazu beitragen, Frieden zu fördern, da, wo wir gerade sind. Ihre Mutter war Ende des 2. Weltkrieges vor ihren Augen von russischen Soldaten in Elbing (heute Polen) erschossen worden, als sie sich einer Vergewaltigung widersetzte. Es war ihr ein ganz wichtiges Anliegen, uns Kindern die heilsame Bedeutung von Vergebung zu vermitteln und uns zu animieren, allen Menschen, egal welcher Hautfarbe, egal welcher Religion oder Nationalität sie angehören, offen, vorurteilsfrei und freundlich zu begegnen. Diesem Vermächtnis verpflichtet habe ich mit selbstloser Unterstützung vieler von mir geschätzter Menschen, die ich nicht alle in der obigen Danksagung erwähnen kann, den folgende Essay entwickelt.

Montpellier im Januar 2024

Clivia von Dewitz

Einführung

»Es gibt keinen Weg zum Frieden, Frieden ist der Weg.«

Mahatma Gandhi

Die derzeit drängendste Frage lautet, wie nach dem völkerrechtswidrigen Einmarsch Russlands in die Ukraine am 24. Februar 2022 wieder Frieden in Europa hergestellt werden kann. Im Rahmen von Friedensverhandlungen wird es zunächst um die Frage nach territorialen Ansprüchen gehen.[1] Wenn dann die Frage nach den Grenzen geklärt ist, wird es irgendwann auch darum gehen müssen, wie mit den während des durch Russland begonnenen Kriegs in der Ukraine begangenen Menschenrechtsverletzungen nach dem Ende des Konflikts umzugehen ist.

Es sind bereits jetzt so viele Straftaten seit Beginn des Krieges am 24. Februar 2022 begangen worden, dass feststeht, dass nicht alle geahndet werden können. In einer Presseerklärung vom 10. September 2023 der Vereinten Nationen ist von 103 000 mutmaßlichen Kriegsverbrechen die Rede.[2] Blankettamnestien erscheinen unbillig und dürften völkerrechtlich auch unzulässig sein.[3]

Gibt es Alternativen zu einer reinen strafrechtlichen Verfolgung der Tatverantwortlichen vor nationalen bzw. internationalen Gerichten? Könnte *Restorative Justice*[4] eine Alternative bieten? Käme vielleicht sogar die Einsetzung einer Art von Wahrheitskommission vor bzw. nach Durchführung von Strafverfahren nach südafrikanischem Vorbild nach dem

Ende des Ukraine-Konflikts infrage und welche Vorteile hätte dies?

Insbesondere seit den 90er-Jahren sind weltweit verschiedene Wahrheitskommissionen etabliert worden mit dem Ziel, Straftaten, die im Namen oder mit Billigung eines Staates begangen worden waren, aufzuklären. So etwa in Chile, El Salvador, Guatemala, Peru, Mexiko wie auch Kanada, Sierra Leone, Osttimor.[5] Im Fall von Südafrika hatte die Wahrheitskommission sogar das Mandat, einzelnen Tätern unter bestimmten Voraussetzungen Amnestie zu gewähren.

Unter Amnestien versteht man nach *Gerhard Werle* und *Moritz Vormbaum* die Nichtverfolgung von Systemverbrechen. Dabei weisen sie in ihrem grundlegenden Werk Transitional Justice von 2018 darauf hin, dass Amnestie in manchen Ländern »Kernelemente des Aufarbeitungsprozesses« waren.[6]

Das Amnestiemodell der südafrikanischen Wahrheits- und Versöhnungskommission *(Truth and Reconciliation Commission (TRC))* könnte hier durchaus als Vorbild dienen. Denn der Amnestieausschuss hatte die Befugnis, einzelnen Tätern unter bestimmten Voraussetzungen strafrechtliche und zivilrechtliche Amnestie zu gewähren. Voraussetzung dafür war unter anderem, dass die Antragsteller ihre Taten umfassend einräumten *(full disclosure)*. Dies war das Ergebnis eines politischen Kompromisses, das den friedlichen Übergang zu der Präsidentschaft *Nelson Mandelas* 1994 sicherte.

Eine umfassende Amnestie für schwere Menschenrechtsverletzungen mag dem Leser auf den ersten Blick ungerecht vorkommen. Es ist jedoch zu berücksichtigen, dass Forschungen zu Opferinteressen weltweit ergeben haben, dass es für Opfer vielfach wichtiger ist, die Wahrheit über das Geschehene zu erfahren und dass die Täter die Verantwortung für ihre Taten übernehmen, als eine Bestrafung oder gar Wiedergutmachung.[7] Der ehemalige südafrikanische Verfassungsrichter und ehemals Verfolgte des Apartheidregimes, *Albie Sachs*, hält die Errichtung und Anwendung der neuen Verfassung in Südafrika, die Garantien für ein faires Verfahren und das Recht für alle zu wählen, für die wahre Entschädigung der Opfer.[8]

Das Motto der Wahrheitskommission lautete: *Truth – the Road to Reconciliation* (Wahrheit, der Weg zur Versöhnung). Viele Mythen, die das Apartheidregime bis 1990 veröffentlicht hatte, konnten insbesondere über die Medien, die intensiv über die Anhörungen vor der Wahrheitskommission berichtet haben, richtiggestellt, viele bisher geheime Operationen der Sicherheitskräfte konnten aufgedeckt werden. So wurde etwa im Fall der Gugulethu 7[9] in einer Untersuchung 1986 und in einem Gerichtsverfahren 1987 festgestellt, dass die jungen Männer in einer Anti-Terror-Aktion *(»anti-terrorist operation«)* gestorben seien. Erst in den Amnestieanhörungen vor dem Amnestieausschuss der Wahrheitskommission[10] kam heraus, dass die jungen Männer von Angehörigen der Todesschwadron-Einheit in Vlakplaas zuvor mit Waffen ausgestattet und geschult und am 3. März 1986 in eine Falle gelockt und umgebracht worden waren. Ohne die Offenlegung der Wahrheit im Rahmen der Amnestieverfahren der Angehörigen von Vlakplaas wäre sie nicht ans Licht gekommen.[11]

Dies ist nur ein Beispiel von vielen Vorfällen, die nicht hätten aufgeklärt werden können, wenn die Täter nicht selbst in ihren Amnestieanträgen und vor allem in den Amnestieanhörungen die Einzelheiten der von ihnen begangenen Verbrechen preisgegeben hätten. Insgesamt wurden über 7000 Amnestieanträge gestellt.

Von besonderer Bedeutung waren daneben auch Anhörungen von Repräsentanten aus Presse, Wirtschaft, Militär,

Kirchen, Gesundheitswesen, Gefängniswesen, politischen Parteien vor der Wahrheitskommission. Darin wurde die umfassende Verantwortlichkeit dieser Institutionen für die allgemeine Stimmung, in welcher die individuellen Menschenrechtsverletzungen geschehen konnten, analysiert.

Die TRC hat Opfern einen sehr würdevollen Rahmen geboten, zum Teil öffentlich, um erzählen zu können, was ihnen widerfahren ist. In einigen wenigen Fällen kam es auf freiwilliger Basis sogar zu einer Begegnung zwischen Tätern und Opfern, was den Kern von *Restorative Justice* darstellt. Doch was wird unter *Restorative Justice* verstanden?

A. Restorative Justice

*Peacemaking-Circle-Raum des Tribal Court des Kenaitze Stammes
in Alaska, USA (Copyright Clivia von Dewitz)*

Jeder Versuch einer Übersetzung des Begriffs *Restorative Justice*, wie etwa »wiederherstellende Gerechtigkeit«, »heilende Gerechtigkeit« oder »Wiedergutmachung«[12], wird nicht allen Dimensionen dieses Begriffes gerecht. Daher wird auch im Deutschen von *Restorative Justice* als Oberbegriff gesprochen.[13]

Zuletzt hat die Venedig-Erklärung der Justizminister des Europarates zur Rolle von *Restorative Justice* im Strafrecht vom 13./14. Dezember 2021 hervorgehoben, dass *Restorative Justice »nicht nur ein Werkzeug im Umgang mit Straftaten sein sollte, sondern vielmehr eine Kultur, die das Justizsystem durchdringt«.*[14]

Kern der Restorative Justice

Restorative Justice hat sich in den späten 70er-Jahren aus der Praxis heraus entwickelt und knüpft an Justiztraditionen von indigenen Völkern ebenso wie an alte griechische, arabische und römische Justiztraditionen an. Auch findet sich der Geist von *Restorative Justice* in buddhistischen und taoistischen Lehren.[15]

In seinem grundlegenden Werk *Changing Lenses* lädt *Howard Zehr*, ein amerikanischer Kriminologe, der die *Restorative-Justice*-Bewegung sehr geprägt hat, 1990 dazu ein, den Blickwinkel bezüglich Strafjustiz zu verändern. Denn die Wahl des Objektivs, durch das etwas betrachtet werde, bestimme zugleich, wie etwas wahrgenommen werde.[16] Eine Straftat bedeute danach vor allem eine Verletzung einer menschlichen Beziehung und weniger eine Rechtsverletzung.[17]

Der norwegische Kriminologe *Nils Christie* hat 1977 provokativ erklärt, das Eigentum am Konflikt sei den Beteiligten vom Staat weggenommen worden.[18] Mit *Restorative Justice* bekommen die Beteiligten wieder die Möglichkeit, gemeinsam an der Lösung ihres Konflikts mitzuwirken. Ziel soll dabei sein, den Konflikt einvernehmlich – in der Regel unter Einschaltung eines Mediators – zu lösen und so die verletzten Beziehungen zu heilen. Kernelemente dabei sind die Verantwortungsübernahme durch den Tatverantwortlichen[19], die Vereinbarung einer angemessenen Wiedergutmachung und das Herausarbeiten der Wahrheit durch persönliches Berichten, Zuhören und Fragenstellen.[20]

Opferinteressen wie Sicherheit, Wahrheit, Anerkennung und Wiedergutmachung[21] werden in gleichem Maße berücksichtigt wie Täterinteressen nach gegenseitigem respektvollen Umgang ohne Vorverurteilung und die Möglichkeit einer konstruktiven Unrechtswiedergutmachung.[22] Unter den Oberbegriff *Restorative Justice* fallen sämtliche mediierten Begegnungen zwischen Tätern und Opfern. Die Teilnahme des Opfers ist dabei in einigen Ländern nicht zwingend erforderlich.[23]

In Deutschland hat sich als Unterform von *Restorative Justice* der Täter-Opfer-Ausgleich (TOA), in § 46a StGB legal definiert als »*das Bemühen, einen Ausgleich mit dem Verletzten zu erreichen*«, durchgesetzt und findet sich in einigen Strafvorschriften wieder.[24] In aller Regel geben Staatsanwälte oder Richter ein Verfahren an dafür zuständige Koordinationsstellen ab, damit diese eine Begegnung zwischen Opfern und mit den für die Tat Verantwortlichen organisieren können. Nach Durchführung einer solchen Begegnung werden die Akten mit einem Bericht an die abgebende Stelle zurückgegeben. Der zuständige Staatsanwalt oder Richter kann das Verfahren dann je nach Schwere der Tat mit oder ohne Auflagen einstellen. Der Richter kann im Rahmen der Strafzumessung das Ergebnis der Begegnung berücksichtigen. So kann er entweder die Strafe mildern oder vereinbarte Geldzahlungen in eine Bewährungsauflage aufnehmen.[25]

Vorzüge und Risiken der Restorative Justice

Die Vorteile der *Restorative Justice* liegen auf der Hand. Insbesondere führt eine persönliche Begegnung zu einer Befriedigung der Opfer, die mit der Tat besser abschließen können. Auch werden Tatverantwortliche seltener rückfällig, was weltweite Forschungsergebnisse bestätigen.[26] *Nathalie Richter* hebt hervor, dass eine persönliche Begegnung im Rahmen eines Täter-Opfer-Ausgleichs von beiden Parteien »als gerechter empfunden« werde, weil er »Verhandlungsergebnisse eines Kommunikationsprozesses« anerkenne und dadurch größere Zufriedenheit entstehe.[27]

Neurologische Forschungen zeigen, dass durch persönliche Begegnungen zwischen Tatverantwortlichen und Opfern bei ersteren Reparationsprozesse im Gehirn angeregt werden und diese emphatiefähiger werden können.[28]

Scheitert ein Ausgleich zwischen Täter und Opfer, wird auf das Strafverfahren zurückgegriffen. Insoweit kann das gerichtliche Verfahren wie ein »Auffangnetz«[29] verstanden werden, das für den Fall einer misslungenen Konfliktlösung durch Mediation individuelle Schuld zuweist.

Allerdings ist zu beachten, dass das Gericht ein Opfer als Zeuge unter Androhung von Zwangsmitteln dazu zwingen kann, zur Vernehmung zu erscheinen. Wenn die Voraussetzungen nicht vorliegen, dass der Angeklagte für die Zeit der Vernehmung des Zeugen aus dem Saal entfernt wird (etwa nach § 247 StPO), muss ein Zeuge in dessen Anwesenheit aussagen. Die Atmosphäre und Rollenverteilung im Rahmen eines gerichtlichen Verfahrens erhöht die Gefahr einer Retraumatisierung für Opfer, zumal bisher weder Strafrichter noch Staatsanwälte oder Verteidiger im Umgang mit traumatisierten Parteien fortgebildet werden.

Im Unterschied dazu nimmt das Opfer im Rahmen eines TOA freiwillig an einer solchen Begegnung teil. Da es von keiner Seite zur Teilnahme gedrängt werden darf, dürfte eine Retraumatisierung deutlich weniger wahrscheinlich sein als vor Gericht. Auch werden Mediatoren im Gegensatz zu Richtern zunehmend im Umgang mit traumatisierten Menschen fortgebildet. Im Übrigen ist es gerade Aufgabe des Mediators, in den Vorgesprächen herauszufinden, ob Gründe wie etwa eine mögliche Retraumatisierung vorliegen, die gegen ein persönliches Treffen sprechen. Ist dies der Fall, sollte keine Begegnung stattfinden und die Akte umgehend an die abgebende Stelle zurückgesendet werden. Eine Begegnung findet also nur statt, wenn die Gefahr einer Retraumatisierung gering ist und beide Seiten sich freiwillig dafür entscheiden.

Nach bisherigen Forschungen der Viktimologie (Opferforschung) kommt eine persönliche Begegnung mit dem Tatverantwortlichen jedoch den wahren Interessen von Opfern deutlich mehr entgegen als eine Gerichtsverhandlung.[30] Wobei auch schon eine Gerichtsverhandlung Elemente von *Restorative Justice* berücksichtigen kann, indem etwa Opfer die Gelegenheit erhalten, ihre Fragen direkt an die Angeklagten zu richten, was weltweit ein großes Anliegen vieler Opfer darstellt und gelegentlich von Richtern ermöglicht wird.[31]

Zusammenfassend ist festzustellen, dass *Restorative Justice* ein großes Potenzial innewohnt. So führt es dazu, dass Beschuldigte in der Begegnung mit ihren Opfern mit den Folgen ihrer Handlungen konfrontiert werden. Dies leitet in vielen Fällen ein Umdenken und neurologische Reparationsprozesse ein.[32] Die Opfer werden aktiv einbezogen und erhalten die Möglichkeit, von den Folgen der Tat und ihren Bedürfnissen berichten zu können und Wünsche bzw. Forderungen zu äußern. Dies mündet in aller Regel in eine Vereinbarung zu Wiedergutmachungsleistungen. Im Ergebnis gehen die Beteiligten mehrheitlich befriedet und manchmal sogar versöhnt auseinander.[33]

Daher liegt die Frage nahe, inwieweit *Restorative Justice* auch nach dem Ende von kriegerischen Auseinandersetzungen angewendet werden könnte, vielleicht sogar sollte. Wie schon bei der strafrechtlichen Aufarbeitung von Systemunrecht nach der Überwindung unterschiedlichster diktatorischer Staatsformen muss hierbei berücksichtigt werden, dass die Täter in aller Regel im Namen eines Staates gehandelt haben und sich insoweit in einigen Fällen gerechtfertigt fühlen bzw. sich auf Befehlsnotstand berufen werden.[34] Eine Begegnung mit dem Opfer konfrontiert sie dann mit den konkreten Folgen ihres Handelns.

Doch zunächst soll die südafrikanische Wahrheitskommission vorgestellt werden und untersucht werden, inwieweit durch deren Arbeit *Restorative Justice* verwirklicht werden konnte. Darüber hinaus ist zu prüfen, inwieweit Wahrheitskommissionen sich überhaupt dazu eignen, zu einem friedvollen Miteinander oder gar zur Versöhnung beizutragen, wenn viele Menschenrechtsverletzungen im Auftrag des Staates begangen worden sind. Im Anschluss wird im Einzelnen dargelegt werden, wie eine Art von Wahrheitskommission unter besonderer Berücksichtigung der Grundgedanken von *Restorative Justice* nach dem Ende des Ukraine-Konflikts etabliert werden könnte.

B. Die südafrikanische Wahrheitskommission (TRC)

Wall Mural, Cape Town, South Africa
(Coypright The Hoberman Collection/ Alamy Stock Photo)

Mit dem Machtwechsel 1994 war in Südafrika die Frage nach dem Umgang mit dem Apartheidregime noch nicht geklärt. Zwei gegensätzliche Forderungen standen sich gegenüber: Einige Anhänger der Freiheitsbewegungen forderten eine Strafverfolgung à la Nürnberg, während Regierungsmitglieder der National Party (NP) eine umfassende Amnestie forderten. Vor dem Hintergrund dessen, dass die wirtschaftliche und zunächst auch militärische Macht immer noch in der Hand der weißen Minderheit lag, musste ein Kompromiss gefunden werden.

Während einige hochrangige Funktionäre des African National Congress (ANC) sich zunächst für die Erforderlichkeit der Durchführung von Strafverfahren wegen Menschenrechtsverletzungen während des Apartheidregimes ausgesprochen hatten, veränderte sich das Stimmungsbild im Verlauf der Verhandlungen mit der *National Party* zu Beginn der 90er-Jahre. *Thabo Mbeki* erklärte in einem Interview mit der Cape Times im Februar 1997, er gehe davon aus, dass es nie zu einem friedlichen Machtwechsel gekommen wäre, hätte der ANC darauf bestanden, Verfahren à la Nürnberg durchzuführen.[35]

Der ANC selbst hatte schon früh zur Aufklärung der Menschenrechtsverletzungen, die insbesondere in ANC-Camps durch ANC-Mitglieder außerhalb Südafrikas begangen worden waren, die Einsetzung einer Wahrheitskommission gefordert.[36] Der erste Justizminister unter *Nelson Mandela*, *Dullah Omar*, setzte sich umgehend für die Einsetzung einer solchen Wahrheitskommission zur Aufarbeitung aller während des Apartheidregimes begangenen Menschenrechtsverletzungen ein. Neben *Albie Sachs*, *Kader Asmal* und *Alex Boraine* machte er sich für die Regelung einer Individualamnestie stark.[37]

1995 wurde – nach monatelangen Beratungen mit vielen Zivilgesellschaften *(civil societies)*, den Kirchen und sämtlichen politischen Parteien sowie Durchführung von über 30 Konferenzen und Workshops[38] – durch Parlamentsgesetz[39] die südafrikanische Wahrheits- und Versöhnungskommission ins Leben gerufen. Erzbischof *Desmond Tutu* wurde zum Vorsitzenden ernannt. Der Forderung der Regierungsmitglieder der *National Party* nach Amnestie wurde insoweit entsprochen, als Täter Individualamnestie erlangen konnten, wenn sie ihre Taten, soweit sie politisch motiviert waren, vor dem Amnestieausschuss umfassend einräumten.

Die Postambel der neuen Verfassung von 1994, überschrieben mit »*National Unity and Reconciliation*«, sah die Möglichkeit für eine Individualamnestie ausdrücklich vor.[40] Der Forderung vieler Mitglieder von Freiheitsbewegungen nach Gerechtigkeit und Wahrheit durch Strafverfahren konnte insoweit entgegengekommen werden, als über *human rights violation hearings* und *amnesty hearings* (Opfer- und Amnestieanhörungen) sowie *institutional hearings* (Institutionsanhörungen) ein möglichst umfassendes Bild von der Vergangenheit nachgezeichnet werden sollte. So lautete das Motto der Wahrheitskommission: *Truth – the Road to Reconciliation* (Wahrheit – der Weg zur Versöhnung).

Aufgaben und Ziele der südafrikanischen Wahrheitskommission

Das Ziel der Kommission bestand darin, schwere Menschenrechtsverletzungen aufzuklären, Amnestieanträge zu prüfen und bei Vorliegen der Voraussetzungen Amnestie zu gewähren sowie Vorschläge für die Entschädigung der Opfer zu erarbeiten und der Regierung vorzulegen. Dies alles sollte in einem Bericht am Ende der Mandatszeit festgehalten werden.[41]

Das Amnestieverfahren

Das Besondere an der südafrikanischen Wahrheitskommission – im Vergleich zu anderen Wahrheitskommissionen wie etwa der chilenischen, der guatemaltekischen oder der kanadischen Wahrheitskommission – war die Befugnis des Amnestieausschusses, einzelnen Tätern unter bestimmten

Voraussetzungen strafrechtliche und zivilrechtliche Amnestie zu gewähren.

Voraussetzung dafür war, dass die Antragsteller eine politisch motivierte Tat zwischen dem 1. März 1960[42] und dem 10. Mai 1994[43] begangen haben mussten, einer allgemein anerkannten Organisation oder einer Befreiungsbewegung angehört hatten oder ihr nahestanden und ihre Taten umfassend einräumten *(full disclosure)*. Dabei war auch die Verhältnismäßigkeit zwischen Tat und politischem Motiv zu beachten.[44] Amnestie konnte nur für die jeweilige Tat bewilligt werden, für die Amnestie beantragt worden war. Der Amnestieausschuss entschied über die Anträge zum Teil erst Jahre nach der Anhörung, da sehr viele Anträge, genauer 7 115, eingegangen waren, die überprüft werden mussten. Etwa 5 442 Anträge mussten zurückgewiesen werden, weil sie nicht die Bedingungen erfüllten.[45] Meist fehlte jegliches politische Motiv.[46] Viele Verurteilte, die eine Gefängnisstrafe verbüßten, hatten einen Antrag auf Amnestie gestellt, da sie nichts zu verlieren hatten. Im Übrigen wurden vom Amnestieausschuss keine hohen Anforderungen, weder an das politische Motiv noch an die Verhältnismäßigkeit, gestellt.[47]

Zu Beginn der 90er-Jahre waren Apartheidverbrechen[48] zunehmend zum Gegenstand der Strafjustiz geworden. Verurteilt wurden Angehörige der Sicherheitskräfte, die auf südafrikanischem Territorium agiert hatten. Die verhängten Strafen waren verhältnismäßig hoch. Meist wurde aber das politische Motiv der Tat ausgeblendet und Rechtfertigungsgründe wie Handeln auf Befehl nicht geprüft oder für unbeachtlich gehalten.[49] Dennoch konnte der Amnestieausschuss wegen dieser zuvor durchgeführten Strafverfahren die Aussagen von Verurteilten anhand der Gerichtsprotokolle auf ihre Richtigkeit hin überprüfen. Vor allem aber stellten sie den wesentlichen Anreiz für Täter dar, Amnestieanträge zu stellen.[50]

Insbesondere nachdem der Leiter der Todesschwadron in Vlakplaas, *Eugene de Kock*, der zu 212 Jahren und zu einer lebenslangen Freiheitsstrafe verurteilt worden war, mehrere Amnestieanträge eingereicht hatte, stellten viele seiner Kollegen, die in den von ihm benannten Einsätzen mitgewirkt hatten und von ihm benannt worden waren, ebenfalls Amnestieanträge.[51]

Angehörige des Militärs, die ihre Menschenrechtsverletzungen außerhalb des südafrikanischen Territoriums begangen hatten, konnten nach südafrikanischem Recht nicht belangt werden.[52] Angestrengte Strafverfahren endeten in aller Regel mit Freisprüchen. Es verwundert daher nicht, dass vonseiten des Militärs so gut wie keine Amnestieanträge eingereicht worden sind und damit wenig zur Aufklärung beigetragen werden konnte.[53] Lediglich *Ferdinand Barnard*, ehemaliger Mitarbeiter der Todesschwadron des Militärs, wurde 1998 wegen Mordes an Regimegegnern (Mordversuchs an *Dullah Omar*, dem ersten Justizminister), Betrug und Diebstahl zu zwei Mal lebenslanger Freiheitsstrafe und 63 Jahren Freiheitsstrafe verurteilt.[54] Sein Amnestieantrag wurde 2001 abgelehnt.

Um Antragsteller zu umfassenden Aussagen zu bewegen, sah § 31 (3) TRC-Gesetz ein absolutes Beweisverwertungsverbot für zukünftige Strafverfahren bezüglich sämtlicher Informationen vor, die vor dem Amnestieausschuss offengelegt würden. Wer amnestiert worden war, musste sich für die Tat nach § 20 (7) TRC-Gesetz nicht mehr strafrechtlich verantworten, bzw. war aus dem Gefängnis zu entlassen, und sämtliche Eintragungen, die die amnestierte Tat betrafen, waren zu löschen. Darüber hinaus konnten gegen die Täter keine zivilrechtlichen Haftungsansprüche mehr geltend gemacht werden.

Insbesondere wegen der Befreiung von zivilrechtlicher Haftung als Folge einer Amnestierung ist die Amnestieklau-

sel des TRC-Gesetzes vor dem südafrikanischen Verfassungsgericht angefochten worden. In der Entscheidung »AZAPO
& Others v President of the Republic of South Africa 1996
(4) SA 671 (CC«) wurde die Amnestieklausel des § 20 (7) des
TRC-Gesetzes jedoch durch das Verfassungsgericht bestätigt. Es betonte, dass die Amnestie ein wesentliches Element
der Vereinbarungen darstelle, ohne die die südafrikanische
Verfassung nicht hätte geschaffen werden können. Darüber
hinaus hätte es ohne diese Amnestieklausel für Täter keine
Motivation gegeben, die Wahrheit zu offenbaren. An die
Stelle des Rechts der Opfer, vor den Zivilgerichten Schadens-
ersatz und ggf. Schmerzensgeld einzuklagen, sei die Ver-
pflichtung des Staates getreten, Wiedergutmachung an die
Opfer schwerer Menschenrechtsverletzungen zu leisten.[55]
Dabei müsse garantiert bleiben, dass eine ausgeglichene
Wiedergutmachung für die gesamte Bevölkerung und nicht
nur für einige Kläger stattfinde.[56]

Befugnisse, Aufbau und Reichweite der
Wahrheitskommission

Die Wahrheitskommission war unabhängig und mit weit-
reichenden Befugnissen ausgestattet.[57] Sie konnte Personen
vorladen und vernehmen, Räume durchsuchen und Schriftstücke und Gegenstände beschlagnahmen. Personen, die
Anordnungen der Kommission nicht Folge leisteten, konnten von der ordentlichen Gerichtsbarkeit mit einer Geldstrafe
und/oder Freiheitsstrafe bis zu zwei Jahren belegt werden.[58]
    Die TRC bestand aus drei Ausschüssen. Neben dem Am-
nestieausschuss *(Amnesty Committee)* gab es den Menschen-
rechtsausschuss *(Human Rights Violation Committee)* und
den Rehabilitationsausschuss *(Reparation & Rehabilitation*

Committee). Die Wahrheitskommission eröffnete während ihrer Mandatszeit vier Büros in vier verschiedenen Teilen des Landes.

Die Opfer gehörten hauptsächlich der schwarzen Bevölkerungsmehrheit Südafrikas an. Zu den Opfern zählten aber genauso weiße Südafrikaner, die einem Bombenanschlag einer Befreiungsbewegung zum Opfer gefallen waren, oder weiße Widerstandskämpfer, die durch das Apartheidregime systematisch gefoltert oder umgebracht worden waren. Vor der Wahrheitskommision konnten 21 297 Opfer schriftlich und über 2 000 auch mündlich öffentlich ihre Leidensgeschichte erzählen. 46 496 Verbrechen kamen zur Sprache, denen 28 750 Menschen zum Opfer gefallen waren.

Zu den Tätern, die Amnestieanträge einreichten, zählten neben den eigentlichen »Apartheidtätern« wie Angehörige der Sicherheitskräfte (Polizei und Militär) aber auch Mitglieder der Befreiungsbewegungen (des ANC), die Sabotageakte gegen die weiße Bevölkerung in Südafrika organisiert und durchgeführt wie auch Verbrechen an ihren eigenen Mitstreitern begangen hatten. Im Mittelpunkt des südafrikanischen Umgangs mit dem Apartheidregime stand die Erforschung des tatsächlich Geschehenen durch Opfer- und Täteraussagen vor der Wahrheitskommission, ungeachtet der Hautfarbe oder der Zugehörigkeit zu einer bestimmten Partei.[59]

Jeden Abend widmeten die Nachrichten mindestens fünf Minuten den Erkenntnissen der Wahrheitskommission des jeweiligen Tages. Jeden Sonntagabend zur besten Sendezeit, 19 Uhr, wurde der *TRC-Report* ausgestrahlt, moderiert durch *Max du Preez*, der die Erkenntnisse aus Anhörungen vor der Wahrheitskommission der letzten Woche in 30 Minuten zusammenfasste. Insofern sagten Opfer wie Täter nicht nur vor der Kommission aus, sondern vor der ganzen Nation.[60]

So konnte eine neue »Geschichtswahrheit« geschrieben werden. Viele Verbrechen hätten nicht aufgeklärt werden können, wenn die Täter nicht selbst in ihren Amnestieanträgen und vor allem in den Amnestieanhörungen die Einzelheiten der von ihnen begangenen Verbrechen preisgegeben hätten.[61]

Opferanhörungen und Amnestieanhörungen

Im Rahmen der Anhörungen vor der Wahrheitskommission wurde stark differenziert zwischen den Opferanhörungen *(human rights violation hearings)* und den Amnestieanhörungen *(amnesty hearings)*. An den Opferanhörungen nahmen keine Tatverantwortlichen teil. Zu den Amnestieanhörungen waren neben den Antragstellern auch Opfer geladen, soweit sie noch lebten, um anhand ihrer Schilderungen die Richtigkeit der Aussagen der Antragsteller zu überprüfen. Wenn sich also die Opfer vor dem Amnestieausschuss ihren Tätern gegenübersahen, glich dies zuweilen einem Gerichtsverfahren. Die Opfer mussten sich den Fragen der Rechtsanwälte der Antragsteller stellen und hatten lediglich die Rolle von Zeugen. Aber auch die Antragsteller wurden zuweilen von den Ausschussmitgliedern scharf auf etwaige Widersprüche in ihren Aussagen hingewiesen.[62] *Alex Boraine* weist darauf hin, dass es trotz Berufung auf Befehlsnotstand durch die Antragsteller im Rahmen der Amnestieverfahren zuweilen auch zu Verantwortungsübernahme *(accountability)* gekommen sei. Darin sieht er die Stärkung rechtsstaatlicher Errungenschaften, die sonst durch ein Gerichtsverfahren erfolge.[63]

Während der Opferanhörung dagegen standen die Opfer mit ihrer Geschichte, ihren Gefühlen und Bedürfnissen ganz im Mittelpunkt des Geschehens. Auch erschienen sie nie allein vor der Kommission, sondern ihnen wurde vor, während und nach der Anhörung ein Mitarbeiter der Kommission an die Seite gestellt (sogenannter *briefer*). Die Anhörungen hatten etwas sehr Würdevolles an sich. Zu Beginn eines Anhörungstages wurde gemeinsam mit allen Zuschauern im Stehen die südafrikanische Nationalhymne, *Nkosi Sikelel'iAfrika*, gesungen, die Kommissionsmitglieder begrüßten die Opfer und die Anwesenden herzlich und stellten ihre Fragen an die Opfer in sehr mitfühlender Art und Weise. Eine ältere Dame, deren Enkelsohn willkürlich ermordet worden war, weil er zur falschen Zeit am falschen Ort war, erklärte vor dem Human Rights Violation Committee in Cradock (Eastern Cape) im Frühjahr 1997, dass sie allein durch die Tatsache, dass sie heute hier aussagen könne, ihre Würde als Mensch zurückerhalte.[64]

Anhörungen von Institutionen (»institutional hearings«)

Neben den Täter- und den Opferanhörungen erfolgten auch Anhörungen von Repräsentanten aus Presse[65], Wirtschaft, Militär, Kirchen, Gesundheitswesen, Gefängniswesen[66] und politischen Parteien vor der Wahrheitskommission. Darin wurde die umfassende Verantwortlichkeit dieser Institutionen für das Klima, in welchem die individuellen Menschenrechtsverletzungen geschehen konnten, adressiert. Viele von denen, die in diesem Rahmen vor der Kommission ausgesagt haben, hatten die Größe, sich für die Rolle, die sie gespielt hatten, zu entschuldigen. Nicht so der ehemalige Präsident *Frederik de Klerk*.[67] Seine Position in den Anhörungen der National Party vor der Wahrheitskommission bestand darin zu bekräftigen, von den menschenrechtsverletztenden Aktionen der Sicherheitskräfte keinerlei Kenntnis gehabt zu haben. Er weigerte sich daher, dafür die Verantwortung zu übernehmen. Dafür wurde er insbesondere von den Medien scharf kritisiert.[68]

Kritik und Errungenschaften der Wahrheitskommission

Die Hauptkritik an der Wahrheitskommission bestand darin, dass diejenigen, deren Amnestieanträge abgelehnt wurden oder die keinen Amnestieantrag gestellt hatten, sich dennoch nicht strafrechtlich verantworten mussten. Dafür fehlte nach dem Ende der Präsidentschaft *Nelson Mandelas* schlicht der politische Wille.[69]

Dabei heißt es in Band 5 des Abschlussberichts: »*Wurde keine Amnestie beantragt oder wurde sie verweigert, sollte eine strafrechtliche Verfolgung in Betracht gezogen werden, wenn Beweise dafür vorliegen, dass eine Person eine schwere Menschenrechtsverletzung begangen hat. In diesem Zusammenhang wird die Kommission den zuständigen Behörden die in ihrem Besitz befindlichen Informationen über schwerwiegende Anschuldigungen gegen Einzelpersonen zur Verfügung stellen (mit Ausnahme privilegierter Informationen, wie sie in Amnestieanträgen enthalten sind). Die Verhängung einer Frist für die Strafverfolgung ist zu erwägen. Der Generalstaatsanwalt muss der strafrechtlichen Verfolgung von Mitgliedern des südafrikanischen Polizeidienstes (SAPS), die Personen in ihrer Obhut angegriffen, gefoltert und/oder getötet haben, große Aufmerksamkeit schenken. Um eine Kultur der Straflosigkeit zu vermeiden und Prinzipien eines Rechtsstaats zu festigen, sollte die Gewährung einer Generalamnestie, unter welchem Vorwand auch immer, abgelehnt werden.*«[70] Es kann also nicht der

Wahrheitskommission angelastet werden, dass nach Ende des Mandats keine Strafverfahren gegen diejenigen, deren Amnestieanträge abgelehnt worden waren, durchgeführt worden sind.

Darüber hinaus wird die Wahrheitskommission dafür kritisiert, nur schwere Menschenrechtsverletzungen erfasst und die alltäglichen Diskriminierungen während der Apartheid-Ära nicht adressiert zu haben.[71] Dem ist zu erwidern, dass dies das Ergebnis eines ausgehandelten politischen Kompromisses gewesen ist und es den zeitlichen und finanziellen Rahmen der Kommission gesprengt hätte. Kritik an der Wahrheitskommission sollte daher immer im Auge behalten, was im Rahmen des politisch Möglichen im vorgegebenen Zeitrahmen überhaupt erreichbar war.[72]

Weiter wird Kommissionsmitgliedern vorgehalten, Opfer während der Opferanhörungen gedrängt zu haben, zu vergeben oder sich zu versöhnen. Dies dürfte nicht dem tatsächlichen Geschehen während der Anhörungen entsprochen haben.[73] In manchen Fällen wurden die Opfer gefragt, was sie davon halten würden, würde der Verantwortliche Amnestie beantragen oder gar erhalten. In den Anhörungen, an denen ich im Frühjahr 1997 im Eastern Cape teilnehmen konnte, wurden die Opfer dagegen nur gefragt, was sie sich von der Kommission wünschten. Die Antwort war regelmäßig, die Gebeine ihrer Angehörigen finden zu können und die Finanzierung eines Grabsteins, um mit der Tat abschließen zu können. Nach meinem Eindruck waren die Erwartungen der Aussagenden auf finanzielle Entschädigung sehr gering. Die Kommissarin *Mary Burton* bestätigt, dass die meisten Aussagenden um Informationen zu den Todesumständen ihrer Angehörigen und um Hilfe bei der Finanzierung eines Grabsteins sowie Unterstützung bei der Rente und der Ausbildung der Kinder baten.[74]

Im Übrigen ist insbesondere der Regierung vorzuhalten, dass es zu lange gedauert hat, bis Entschädigungsleistungen an die Opfer tatsächlich erfolgten.[75] Die Wahrheitskommission hatte keine Macht, Entschädigungszahlungen oder symbolische Wiedergutmachung zu leisten. Sie konnte lediglich Empfehlungen zu Wiedergutmachungen an die Regierung aussprechen. Im Nachhinein betrachtet ein entscheidender Fehler, welcher das Image der Wahrheitskommission wesentlich diskreditiert hat. Denn die Regierung brauchte Jahre, um auf diese Empfehlungen zu reagieren. Umgesetzt wurden nur einige davon – und die Entschädigungszahlungen an die einzelnen Opfer erfolgten sehr spät, sodass einige Opfer bereits verstorben waren. Außerdem fielen die Beträge zumeist sehr viel geringer aus als von der Wahrheitskommission vorgeschlagen. Dies hat dazu geführt, dass viele Opfer nach dem langen Ausbleiben einer Entschädigung bzw. einer als zu gering empfundenen Entschädigung die Arbeit der Wahrheitskommission heute zunehmend infrage stellen und sich – verständlicherweise – zum Teil verraten fühlen.

Dabei wird allerdings oft übersehen, dass in den meisten Fällen vor den Anhörungen des Amnestieausschusses noch gar keine Tatverantwortlichen bekannt waren, gegen die zivilrechtliche Schadensersatzforderungen hätten gerichtet werden können, die bei erfolgreicher Klage zu einer höheren Entschädigung geführt hätten. Unerklärlich ist, dass viel Geld aus dem eigens dafür eingerichteten *President's Fund* bis Ende 2022 (derzeit 2 Billionen Rand, entspricht etwa 96 507 980 Euro)[76] nicht weiteren Opfern oder deren Kindern bzw. sozialen Projekten zugutegekommen ist. Dies kann aber nur der Regierung und nicht der Wahrheitskommission angelastet werden.

Dies ist im Hinterkopf zu behalten, wenn es darum geht, eine Wahrheitskommission für andere Konflikte zu entwickeln. Es wäre daran zu denken, die Entschädigungslösung einer separaten Institution zu übertragen, die zeitnah Entschädigungen auszahlt.

Im Übrigen kann die zum Teil sicherlich berechtigte Kritik die einzigartige Leistung der Wahrheitskommission, den Opfern einen würdevollen Rahmen für das Berichten über die ihnen angetanen schweren Menschenrechtsverletzungen geboten zu haben, in vielen Fällen die Wahrheit herausgefunden und Täter dazu gebracht zu haben, ihre Verwicklungen in schwere Menschenrechtsverletzungen öffentlich zu gestehen, nicht mehr schmälern. Die Aussöhnung einer ganzen Gesellschaft nach fast 50 Jahren Apartheid und einer jahrhundertealten Tradition von Rassentrennung, Kolonialisierung und Diskriminierung in wenigen Jahren erreichen zu wollen, wäre illusorisch. Schon *Albin Eser* und *Jörg Arnold* raten, sich von der Vorstellung freizumachen, dass Wahrheitskommissionen allein eine nachhaltige Aufarbeitung von Systemunrecht garantieren könnten.[77]

Die Wahrheitskommission hat im Rahmen ihres Möglichen wichtige Anreize gegeben und damit einen großen Beitrag zur Aussöhnung der persönlich von schweren Menschenrechtsverletzungen Betroffenen geleistet. Wer weiß schon, wie Südafrika heute ohne Wahrheitskommission dastehen würde? Dass Südafrika nach wie vor ein Land ist, in dem die Schere zwischen Arm und Reich sehr weit auseinandergeht und die schwarze Mehrheit der Bevölkerung nach wie vor in extremen Armutsverhältnissen lebt, ist das Erbe der Apartheid-Ära und der aktuellen Politik, nicht der Wahrheitskommission.

Restorative Justice und die südafrikanische Wahrheitskommission

In letzter Zeit mehren sich im internationalen Schrifttum die Beiträge in Form von Aufsätzen oder Büchern zu der Frage, inwieweit die südafrikanische Wahrheitskommission *Restorative Justice* gefördert hat.[78]

Zusammenfassend lässt sich sagen, dass die Wahrheitskommission einige Elemente von *Restorative Justice* beispielhaft umgesetzt hat. Andere Elemente dagegen fanden keinen Widerhall in ihrer Arbeit. Besonders hervorzuheben ist der ausgesprochen würdevolle Rahmen, in dem Opfer ihre Geschichte erzählen konnten, was dem Bedürfnis von *Restorative Justice*, Opferinteressen zu stärken, sehr nahekommt.

Vergleichbarkeit von Restorative-Justice-Verfahren und Opferanhörungen der Wahrheitskommission

Insoweit kann die These aufgestellt werden, dass die Opferanhörungen der Wahrheitskommission mit den zur Vorbereitung der eigentlichen Begegnung konzipierten Treffen mit den jeweiligen Opfern in einem *Restorative-Justice*-Setting in Teilen verglichen – wenn auch nicht gleichgesetzt – werden können. Auch in den Vorgesprächen im Rahmen von *Restorative-Justice*-Konferenzen/Ausgleichsgesprächen geht es darum, den Opfern Raum zu geben, gehört zu werden und ihre nachvollziehbar »*subjektive Darstellung des Tatgeschehens und der damit verbundenen Gefühle*«[79] darzulegen. Anhand solcher Vorgespräche kann der Mediator sich dann ein Bild davon machen, ob das Opfer bereit ist, dem Täter zu begegnen, und worauf zu achten ist. Die Vorgespräche mit den Opfern dienen im Kontext einer *Restorative-Justice-*

Konferenz zwar »nur« der Vorbereitung der persönlichen Begegnung – durch sie werden aber die Weichen für die persönliche Begegnung gestellt. Die Vorgespräche wie auch das Ausgleichsgespräch setzen die Freiwilligkeit der Teilnahme nach umfassender Information voraus. Gleiches galt für die Verfahren vor der Wahrheitskommission.

Hier dienten die Opferanhörungen dem Ziel der TRC, am Ende ihrer Mandatszeit, 1998, einen Bericht über das Geschehene verfassen zu können. Damit konnten sie in manchen Fällen die Grundlage für eine heilende Begegnung mit den Tatverantwortlichen schaffen. Wobei ein großer Unterschied darin besteht, dass die Vorgespräche wie auch die Gespräche selbst im Rahmen von *Restorative-Justice*-Verfahren vertraulich sind und bleiben, wohingegen Opferanhörungen, sofern sie im Rahmen einer öffentlichen Anhörung stattfanden, wie die meisten Amnestieanhörungen der Wahrheitskommission öffentlich waren. Sowohl über die öffentlichen Opferanhörungen als auch über die Amnestieanhörungen wurde von den Medien im Rahmen von Radiobeiträgen und Fernsehberichten in Südafrika täglich umfänglich berichtet.[80]

Persönliche, moderierte Begegnungen zwischen Opfern und Tätern nach Anhörungen vor der Wahrheitskommission waren die Ausnahme

Was *Restorative Justice* im Kern ausmacht, eine moderierte Begegnung zwischen Tatverantwortlichen und Opfern, hat am Rande des Wirkens der Wahrheitskommission nur in einigen wenigen Fällen stattgefunden.[81] Und wenn, dann nur auf ausdrückliches Verlangen einer der Parteien. So etwa im berühmten Gugulethu-7-Fall.[82] Hier fand nach den Amnestieanhörungen eine Begegnung der Mütter mit einem der Täter, *Thapelo Mbelo*, einem sogenannten Askari[83], auf seinen ausdrücklichen Wunsch hin statt. Dieses Treffen zeigt eindrücklich den Schmerz der Mütter über die Ermordung ihrer Söhne und das aufrichtige Bereuen und um Vergebung Bitten von *Thapelo Mbelo*. Diese Begegnung wurde für den Dokumentarfilm *Long Night's Journey into Day* filmisch festgehalten.[84] Eine der Mütter macht am Ende des gemeinsamen Gesprächs deutlich, sie vergebe, damit sie wieder in Frieden leben könne.[85] *Thapelo Mbelo* erhielt später umfassende Amnestie für seine Beteiligung am Tod von *T. Mlifi*.[86]

Auch die Eltern von *Amy Biehl*, einer amerikanischen Studentin, die 1993 von vier schwarzen jungen Männern im Guguletu-Township nahe Kapstadt ermordet worden war, trafen zwei der Mörder ihrer Tochter. Das Treffen war auf Wunsch der zwei Männer, die an der Ermordung beteiligt gewesen waren, zustande gekommen. Diese wollten zeigen, dass sie nach der Amnestierung durch den Amnestieausschuss, dem die Eltern von *Amy Biehl* unterstützend beigewohnt hatten,[87] nun dabei waren, ihrem Leben eine neue, positive Richtung zu geben. Später arbeiteten die beiden für die von *Amy*s Eltern gegründete *Amy-Biehl*-Stiftung, die das Wirken ihrer Tochter, die sich über Jahre leidenschaftlich für das Leben der benachteiligten schwarzen Bevölkerungsmehrheit in Afrika eingesetzt hatte, fortsetzen soll.[88]

Auch einer der Polizeibeamten, der für die Todesschwadron in Vlakplaas gearbeitet und vor der Kommission für viele Taten Amnestie beantragt hat, *Paul van Huuren*, traf im Büro seines Anwalts den Sohn eines Kollegen, *Richard Motasi*, den er mit seiner Frau *Irene Motasi* 1987 ermordet hatte.[89] Für den Mord an *Richard Motasi* erhielt er Amnestie. Für den Mord an *Irene Motasi* wurde die Amnestie abgelehnt, da es an einem politischen Motiv gefehlt habe.[90]

Ruth Picker, die die Befragungen von Opfern einige Jahre nach dem Ende der Wahrheitskommission 2005 veröffentlicht hat, kommt zu dem Ergebnis, dass bei zukünftigen Wahrheitskommissionen jedem Opfer und jedem Täter unbedingt die Möglichkeit offenstehen sollte, sich unter Anleitung eines Mediators persönlich begegnen zu können.[91]

Übertragbarkeit der südafrikanischen Wahrheitskommission auf andere Konflikte

Die südafrikanische Wahrheitskommission kann nur als Ergebnis der spezifischen südafrikanischen Geschichte verstanden werden. Sie war das Ergebnis eines politischen Kompromisses, der wesentlich durch Persönlichkeiten wie *Nelson Mandela* und *Desmond Tutu* geprägt wurde und nicht ohne Weiteres auf andere Länder übertragen werden kann. Dennoch scheinen einige Elemente Vorbildcharakter zu haben, die mit Anpassungen an die Besonderheiten anderer Länder nach Konfliktsituationen in Transformationsprozessen übernommen werden können.[92]

Christian Tomuschat, deutscher Professor für öffentliches Recht und Völkerrecht, Koordinator der guatemaltekischen Wahrheitskommission, hat den Bericht seiner Wahrheitskommission 1999 der Öffentlichkeit vorgestellt und dem Generalsekretär der Vereinten Nationen überreicht. Er ist der Ansicht, dass Wahrheitskommissionen in der Regel während andauernder politischer Spannungen etabliert würden. Darüber hinaus dokumentierten sie nachhaltig das eigentlich Geschehene, unabhängig davon, ob die Tatverantwortlichen bestraft wurden oder nicht. Menschen in Machtpositionen hätten in aller Regel kein Interesse an einer Dokumentation der Menschenrechtsverletzungen, weil sie meist in irgendeiner Weise daran beteiligt gewesen seien. Ein Volk könne jedoch nur auf der Grundlage der umfänglichen Wahrheit über die Geschehnisse der Vergangenheit lernen und sich gegen die Gefahr immunisieren, zu einem späteren Zeitpunkt noch einmal in dieselbe Falle zu tappen. Er weist darauf hin, dass insbesondere zu berücksichtigen sei, dass viele Menschen derartige staatsgestützte grausame Menschenrechtsverletzungen nicht begangen hätten, wären die Umstände andere gewesen.[93] Und *Prescilla Hayner* weist darauf hin, dass die offizielle Anerkennung dessen, was geschehen sei, deshalb so wirkungsvoll sei, weil die offizielle Leugnung bis dahin meist so weit verbreitet gewesen seien.[94]

Nach einer Studie von *Tricia Olsen, Leigh Payne* und *Andrew Reiter* aus dem Jahr 2010 scheinen allerdings nur Wahrheitskommissionen, die mit einer Amnestie und/oder anschließendem Strafverfahren kombiniert waren, einen positiven Effekt auf die Etablierung von demokratischen Werten und einer menschenrechtswahrenden Kultur zu haben. Es gehe gerade nicht darum, sich dabei zwischen Amnestie und Strafverfahren zu entscheiden, sondern vielmehr die Vorteile des jeweiligen Verfahrens nutzbar zu machen.[95]

Nach *Janine Clark* konnten der Internationale Strafgerichtshof für das ehemalige Jugoslawien (ICYT) in Den Haag, Niederlande, sowie der für Ruanda zuständige Internationale Strafgerichtshof in Arusha (ICTR), Tansania, nur begrenzt zu einer Versöhnung beitragen. Sie plädiert dafür, dass internationale Strafgerichtshöfe keinesfalls an die Stelle von Wahrheitskommissionen treten sollten.[96]

Dass ausschließliches Bestrafen nicht zu einem friedlichen Miteinander nach Konflikten führt, ist hinlänglich bekannt. Schon *Nils Christie* hat 2009 erklärt, dass »*die Zunahme von internationalen Gerichtshöfen einen Rückschlag für die grundlegende Idee der Friedensstiftung und die Ideale von*

Restorative Justice darstellt. Internationale Strafgerichtshöfe hindern uns daran, die Konflikte in einer umfassenderen und politisch relevanten Weise zu sehen.«[97]

Wahrheitskommissionen als eigenständige Aufarbeitungsoptionen

Gerhard Werle und *Moritz Vormbaum* weisen darauf hin, dass Wahrheitskommissionen keine »zweitbeste« Alternative gegenüber der Strafverfolgung seien. Sie seien *»eigenständige Aufarbeitungsoptionen, die auch neben der Strafverfolgung zum Einsatz gelangen«* könnten.[98] Und *Tricia Olsen, Leigh Payne und Andrew Reiter* weisen in ihrer Studie von 2010 nach, dass Amnestien helfen können, Demokratie und Menschenrechte zu stärken.

Das TRC-Gesetz von 1995 sah das komplexeste und anspruchsvollste Mandat für eine Wahrheitskommission vor, mit sorgfältig ausgewogenen Befugnissen.[99] Es gab der Kommission die Befugnis, individuelle Amnestie zu gewähren (Abschnitt 4, §§ 16–22), Räumlichkeiten zu durchsuchen und Beweismittel zu beschlagnahmen (Abschnitt 6, §§ 28–35), Zeugen vorzuladen und ein besonderes Opferschutzprogramm (§§ 11, 33 Abs. 1 b) zu betreiben. Durch die Enthüllungen vor der Wahrheitskommission konnte eine neue, im Sinne einer objektiveren, mehr dem tatsächlichen Geschehen entsprechende Geschichtswahrheit in Südafrika geschrieben werden. In besonderem Maße konnte das Leiden der nichtweißen Bevölkerung in Südafrika anerkannt und für die Nachwelt festgeschrieben werden.[100] Allerdings wären ohne vorherige Verurteilungen zu längeren Freiheitsstrafen von Sicherheitskräften wie etwa dem Leiter der Todesschwadron in Vlakplaas, *Eugene de Kock*,[101] die an grausamen Menschenrechtsverletzungen wie Folter, Mord und Entführungen beteiligt gewesen waren bzw. diese beauftragt hatten, mit sehr hoher Wahrscheinlichkeit kaum Amnestieanträge vor der südafrikanischen Wahrheitskommission gestellt worden.[102]

Die südafrikanische Wahrheitskommission hat gezeigt, dass vor einer solchen Institution, die individuelle Amnestie gewähren kann, nur dann Amnestieanträge eingereicht werden, wenn die potenziellen Antragsteller befürchten müssen, sich für ihre Taten andernfalls gerichtlich verantworten zu müssen. Wahrscheinlich wird eine Wahrheitskommission in diesem Sinne nur gelingen können, wenn schon vor ihrer Einrichtung Tatverantwortliche zu angemessenen Strafen verurteilt worden sind und/oder eine realistische Chance besteht, tatsächlich später auch verurteilt zu werden, wie es in Südafrika seit den 90er-Jahren der Fall war.

Es ist durchaus davon ausgehen, dass diese Vorarbeit eine entscheidende Erfolgsvoraussetzung für die Einreichung von Amnestieanträgen war.[103] Nationalen und internationalen Strafgerichten kommt dann künftig die Aufgabe zu, wie ein Auffangnetz bereit zu stehen für diejenigen, die ihre Chance, ihre Verantwortung vor einer Wahrheitskommission gegen die Gewährung von Amnestien zu übernehmen, nicht genutzt haben.

Förderung von Versöhnung durch individuelle Amnestien

Nach *Gerhard Werle* und *Moritz Vormbaum* können individuelle Amnestien einen wesentlichen Beitrag zu einer erfolgreichen Aufarbeitung leisten, wohingegen im Unterschied dazu Blankettamnestien bei schweren Menschenrechtsverletzungen und Völkerrechtsverbrechen unzulässig seien und lediglich politischen Vertuschungsinteressen dienen dürften.[104]

Das Besondere an dem Amnestiemodell der südafrikanischen Wahrheitskommission bestand darin, dass die Tatverantwortlichen aktiv werden, nämlich einen Antrag vor dem Amnestiekomittee stellen und die eigene Tatbeteiligung detailliert einräumen mussten, um in den Genuss einer Individualamnestie zu gelangen. Auf diese Art und Weise ist in vielen Fällen erst die Wahrheit über Menschenrechtsverletzungen publik geworden.

Gerade vor dem Hintergrund, dass es den Opfern mehr um Aufarbeitung des Geschehenen, Wiedergutmachung, Verhinderung einer Wiederholung derartiger Taten geht und ein Bekenntnis dazu wichtiger ist als Rache bzw. Vergeltung im Sinne einer Bestrafung,[105] sollte weltweit bedeutend mehr Wert darauf gelegt werden, Versöhnung zu fördern.

Amnestien für individuelle Straftaten nach dem Vorbild der südafrikanischen Wahrheitskommission sollten als eine Möglichkeit realer und nachhaltiger Aufarbeitung der Geschichte und der im Auftrag des Staates begangenen Verbrechen anerkannt werden.

Vorteile einer Wahrheitskommission gegenüber Internationalen Strafgerichtshöfen nach kriegerischen Konflikten

Schlussfolgernd stellt sich die Frage, in welchem Verhältnis eine Wahrheitskommission zu internationalen oder nationalen Tribunalen steht. *Priscilla Hayner* erklärt insoweit, dass es vor allem Menschen ohne direkte Erfahrungen mit Wahrheitskommissionen seien, die dafür plädierten, dass diese lediglich niedrigschwellige Menschenrechtsverletzungen erfassen, während die schweren Verbrechen durch den Internationalen Strafgerichtshof aufgearbeitet werden sollten. Sie weist darauf hin, dass es in der Praxis für eine Wahrheitskommission unmöglich sei, die Hauptverantwortlichen zu ignorieren, da davon auszugehen sei, dass ihre Namen bei Ermittlungen und Vernehmungen genannt werden würden. Abgesehen davon wäre es unvertretbar, entweder die Ermittlungen der Staatsanwaltschaft oder ein Tätigwerden einer Wahrheitskommission für Jahre auf Eis zu legen, um die andere Seite nicht zu blockieren. So bestünde darüber hinaus auch die Gefahr, dass die Dynamik der Übergangsphase verloren gehe und die Beweise an gerichtlich anerkannter Relevanz verlieren würden.[106] Sie plädiert daher dafür, dass Wahrheitskommissionen gleichzeitig in vollem Umfang neben Ermittlungsverfahren des IStGH tätig werden könnten und sie miteinander kooperieren sollten.

Gleiches muss auch für die Beziehung jeglicher Wahrheitskommissionen zu sonstigen nationalen wie anderen internationalen Strafverfolgungsorganen gelten. Denn wenn der Bericht einer Wahrheitskommission vor Beginn der Gerichtsverfahren erscheint, könnte das die Ermittlungen der Strafverfolgungsorgane erleichtern, da bereits auf identifizierte Zeugen und Beweise zurückgegriffen werden kann. Die Aussicht, dass die Dokumentation durch eine Wahrheitskommission für internationale Strafverfolgungen verwendet werden könnte, könnte wiederum der Arbeit einer solchen Kommission zusätzliches Gewicht verleihen und dazu beitragen, ihre Beweisstandards auf einem hohen Niveau zu halten.[107]

In einem 2001 gehaltenen Vortrag des damaligen Präsidenten des Internationalen Strafgerichtshofes für das ehemalige Jugoslawien (ICTY), *Claude Jorda*[108], zur Einrichtung einer Wahrheits- und Versöhnungskommission in Bosnien und Herzegovina weist dieser interessanterweise darauf hin, dass die Möglichkeiten, durch den ICTY Frieden zu stiften, begrenzt seien, liege doch der Schwerpunkt der Arbeit des Tribunals darauf, hochrangige Militärbefehlshaber und politische Führer zur Verantwortung zu ziehen.[109] Er befürwortet daher, dass eine Wahrheitskommission sich in erster Linie derjenigen annehmen möge, die keine herausgehobene Befehlsgewalt im Militär innegehabt, aber die Befehle ausgeführt hätten und so Verantwortung für viele Menschenrechtsverletzungen trügen, aber vom Tribunal nicht erfasst werden könnten. Er weist weiter darauf hin, dass das Tribunal den vielen Opfern nicht gerecht werden könne, denn nur wer zur Aufklärung dessen, was geschehen sei, beitragen könne, werde auch als Zeuge geladen. Und schließlich verweist er auf die Bedeutung, die Hintergründe eines Konflikts zu erarbeiten, was ebenfalls nicht vom Tribunal geleistet werden könne. Die Zeugenaussagen vor dem Tribunal würden einer Wahrheitskommission jedoch bei ihrer wichtigen Aufgabe, die neuen Generationen über das Geschehene zutreffend aufzuklären, helfen können. Dafür sei auch erforderlich, dass die Anhörungen vor der Wahrheitskommission öffentlich stattfänden und insbesondere von den öffentlich zugänglichen Medien ausführliche Berichte ausgestrahlt würden.

Mein Standpunkt ist, dass die Möglichkeit einer Amnestierung allen Tatverantwortlichen offenstehen und dass die Friedenskommission für die Dauer ihres Mandats vorrangig sein sollte. Vor dem IStGH sowie vor anderen internationalen oder nationalen Gerichtshöfen müssen aber umgehend Strafverfahren eingeleitet werden, sobald Amnestieanträge rechtskräftig abgelehnt worden sind. Nach dem Ende des Mandats einer Friedenskommission betrifft das all diejenigen, die keinen Amnestieantrag eingereicht haben, aber Menschenrechtsverletzungen begangen haben. Problematisch bleibt, dass weder Russland noch die Ukraine bislang Vertragsparteien des Internationalen Strafgerichtshofes geworden sind. Dies dürfte ein weiterer Grund dafür sein, eine Friedenskommission zu etablieren.

Schließlich weist *Jasna Dragovic-Soso* in ihren Überlegungen zu der gescheiterten Wahrheits- und Versöhnungskommission in Bosnien und Herzegovina[110] darauf hin, dass nationale Wahrheitskommissionen politische Projekte seien, die stark von Zivilgesellschaften geprägt würden.[111] Auch *Priscilla Hayner* betont, wie wichtig eine gute Zusammenarbeit von Wahrheitskommissionen mit lokalen Non-Governmental Organisations (NGO's) ist. Sie geht davon aus, dass eine stärkere Einbeziehung von NGO's eine länger anhaltende Wirkung der Kommission auf lokaler Ebene in Südafrika ermöglicht hätte.[112]

Wichtig scheint also, die jeweiligen Zivilgesellschaften von den Vorteilen einer solchen Kommission zu überzeugen, damit diese ihren Einfluss zugunsten der Etablierung dieser ausüben und sich dafür starkmachen.

C. Skizzierung einer Friedenskommission für den Ukraine-Konflikt

Feder in Parin
(Copyright Clivia von Dewitz)

Im Folgenden möchte ich mich der Frage annähern, ob eine Art von Wahrheitskommission für den Ukraine-Konflikt etabliert werden könnte oder gar sollte. Dabei sollen insbesondere die Erfahrungen der südafrikanischen Wahrheitskommission, aber auch der guatemaltekischen, argentinischen, peruanischen wie auch kanadischen Wahrheitskommissionen nutzbar gemacht werden.

Der Ukraine-Konflikt und internationales Strafrecht

Seit dem 24. Februar 2022 beschäftigt der kriegerische Konflikt in der Ukraine die Welt.[113] Es kann nicht früh genug danach gefragt werden, wie juristisch auf den Einmarsch der russischen Armee in das souveräne Staatsgebiet der Ukraine und insbesondere auf die dort begangenen Menschenrechtsverletzungen beider Seiten zu reagieren ist. Bereits am 2. März 2022 hat der Chefankläger des Internationalen Strafgerichtshofs (IStGH), *Karim A. A. Khan*, nach geltendem Verfahrensrecht ein förmliches Ermittlungsverfahren »zur Situation« bezogen auf Kriegsverbrechen und Verbrechen gegen die Menschlichkeit in der Ukraine eröffnet.[114]

Problematisch daran ist allerdings, dass weder die Ukraine noch Russland Vertragsstaaten des Internationalen Strafgerichtshofes sind.[115] Die Zuständigkeit ergibt sich hier aus einer zweiten Unterwerfungserklärung der Ukraine aus dem Jahr 2015 und der Überweisung der Situation der Ukraine durch mittlerweile insgesamt 43 Vertragsstaaten des IStGH-Statuts, insbesondere aus Europa (darunter Deutschland), Australien, Neuseeland, Japan, Chile, Costa Rica, Kanada und Kolumbien.[116]

Forderungen, ein Sondertribunal zu errichten

Vor diesem Hintergrund können russische Staatsbürger auch nicht wegen des Verbrechens der Aggression vor dem Internationalen Strafgerichtshof angeklagt werden. Um dies zu erreichen, müsste ein Ad-hoc-Tribunal etabliert werden.[117] So haben seit dem Frühjahr 2022 internationale Bemühungen zugenommen, ein Sondertribunal à la Nürnberg zu etablieren, um das Verbrechen des Angriffskrieges vonseiten

Russlands zu ahnden.[118] Am 3. Juli 2023 hat etwa das Internationale Zentrum für die Strafverfolgung des Verbrechens der Aggression gegen die Ukraine (*International Center for the Prosecution of Crimes of Aggression* (ICPA)) unter dem Dach von Eurojust in Den Haag eröffnet.[119] Am 8. November 2022 hat die CDU einen Antrag in den Bundestag eingebracht mit dem Titel: »*Konsequente Reaktion des Rechtsstaats auf den russischen Angriffskrieg ermöglichen – Sondertribunal einrichten*«. Dieser Antrag hat keine Mehrheit gefunden.[120]

Die Errichtung von Sondertribunalen oder alternative Möglichkeiten, auf kriegerische Konflikte zu reagieren?

Die Errichtung derartiger Tribunale erfordert am Ende jedoch einen Sieger und einen Besiegten. Dies widerspricht dem Kern von *Restorative Justice*, bei dem es um Heilung von Beziehungsbrüchen geht. *Nils Christie* weist 2001 darauf hin, dass es stets die Banditen der anderen Seite sind, die vor Gericht gestellt werden (»*It is the bandits of the other side who will be brought to court*«). Er führt weiter aus, internationales Strafrecht sei das Recht der Sieger, und bezweifelt, dass es zur Schaffung sozialen Friedens beitragen kann.[121]

Dies scheint sich mit dem Haftbefehl gegen *Vladimir Putin* vom 17. März 2023 des Internationalen Strafgerichtshofes (IStGH) in Den Haag zu bestätigen. Bislang war der IStGH sehr zurückhaltend mit Anklagen gegen amtierende Staatsoberhäupter. Es wäre wünschenswert gewesen, hätte der Internationale Strafgerichtshof sich zum jetzigen Zeitpunkt weiter darauf beschränkt, sämtliche mit den kriegerischen Auseinandersetzungen auf ukrainischem Territorium in Verbindung stehende Straftaten zu ermitteln und Beweise zu sichern. Momentan hat es den Anschein, dass der IStGH nicht unabhängig agiert. So konstatiert *Wolfgang Bauer*, dass der Gerichtshof so Partei geworden ist, »*bevor noch irgendein Urteil gesprochen wurde*« und weist zu Recht auf die Doppelmoral hin, »*die alle Moral tilgt*«.[122]

Umso dringlicher sollte sich der Frage gewidmet werden: Wie soll auf (kriegerische) Konflikte reagiert werden, um diese in der Zukunft zu vermeiden? Und wie kann die Vergangenheit so aufgearbeitet werden, dass sie einer friedvollen Zukunft den Weg weist?

Laufende Gerichtsverfahren mit Bezug zu den kriegerischen Auseinandersetzungen vor ukrainischen Gerichten

In der Ukraine selbst laufen inzwischen mehr als 100 000 Ermittlungsverfahren gegen russische Staatsbürger wegen Straftaten, die in Zusammenhang mit dem russischen Einmarsch am 24. Februar 2022 stehen, so der Stand vom September 2023.[123] Erste Urteile gegen russische Soldaten vor ukrainischen Gerichten sind inzwischen bereits verkündet worden.[124] Der erste russische Soldat, *Vadim Shishimarin*, der sich den ukrainischen Ermittlungsbehörden selbst gestellt hatte, wurde am 22. Mai 2022 von einem Gericht erster Instanz (dem Solomyansky-Bezirksgericht in Kiew) wegen der Tötung eines Zivilisten zunächst zu einer lebenslangen Freiheitsstrafe verurteilt. Auf seine Berufung hin wurde das Urteil wenig später auf 15 Jahre Freiheitsstrafe herabgesenkt.[125] Der Strafrahmen des zugrunde gelegten Art. 438 Abs. 2 UkrStGB beträgt 10–15 Jahre Freiheitsstrafe oder lebenslängliche Freiheitsstrafe.[126]

Aus der Perspektive der *Restorative Justice* spricht für das Verfahren gegen *Vadim Shishimarin*, dass *Kateryna*

Shelipova, die Witwe des ermordeten Zivilisten, dem Angeklagten in der Verhandlung vor dem Gericht erster Instanz ihre Fragen stellen konnte. Sie fragte ihn: »*Was haben Sie meinem Mann gegenüber empfunden*« und: »*Bekennen Sie sich zu Ihrer Schuld?*«, worauf der Angeklagte antwortete, er habe Furcht empfunden und verstehe, dass sie ihm nicht verzeihen könne, bitte aber um Vergebung.[127]

Fragen nach der Unabhängigkeit einer Justiz, die nur einseitig anklagt

Diese Gerichtsverfahren werfen unzählige Fragen auf.[128] Eine der Kernfragen dürfte dabei lauten, wie unabhängig die Justiz eines Landes sein kann, das während laufender kriegerischer Auseinandersetzungen Gerichtsverfahren gegen nur eine – die gegnerische – Seite durchführt. Zuweilen wird darauf hingewiesen, dass die Ukraine die Unabhängigkeit ihrer Justiz dadurch beweisen könne, dass sie »*mit gleicher Konsequenz gegen die Kriegsverbrecher aus den eigenen Reihen vorgeht*«.[129]

Diesbezüglich gibt es aktuell keine Informationen. Zwar hat die ukrainische Generalstaatsanwältin *Iryna Venediktova*, die im Juli 2022 vom Präsidenten der Ukraine, *Wolodymyr Selensky*, entlassen worden ist, noch im Frühjahr 2022 erklärt, dass auch ukrainische Taten ermittelt würden, diese Verfahren jedoch auf die Nachkriegszeit verschoben werden sollten.[130] Waren es ihre Bemühungen um Ermittlungen kriegsbedingter Menschenrechtsverletzungen beider Seiten, die zu ihrer Entlassung geführt haben? Zumindest erscheint überlegenswert, dass durch die Ermittlung und Verurteilung von russischen Staatsangehörigen auf ukrainischem Territorium Ermittlungen und Verurteilungen von ukrainischen

Staatsangehörigen auf russischem Territorium begünstigt würden und dies einem Gefangenenaustausch im Weg stehen könnte.[131] Die Entlassung der Generalstaatsanwältin durch den Präsidenten und die Ernennung eines Nachfolgers aus dem Lager des Präsidenten wirft Fragen auf; insbesondere stellt sie die Unabhängigkeit der Justiz in der Ukraine nachdrücklich in Zweifel.

Bekannt ist, dass es bereits vor Februar 2022 auf europäischer Ebene starke Bedenken hinsichtlich der Unabhängigkeit der ukrainischen Justiz gegeben hat.[132]

Problematik hoher Strafen für russische Soldaten

Problematisch erscheinen – vor dem Grundgedanken der *Restorative Justice* – die hohen Strafen für russische Soldaten, die gestehen, mit den Behörden kooperieren und sich z.T. selbst gestellt und Reue zum Ausdruck gebracht haben.[133] Dies dürfte nicht dazu führen, dass in späteren Verfahren weiterhin mit den Ermittlungsbehörden kooperiert wird oder gar Geständnisse abgelegt werden. Darüber hinaus ist zu bedenken, dass bei Vorliegen von Geständnissen, insbesondere bei Selbstanzeigen, der Ermittlungsaufwand deutlich geringer ist, was bei der Flut an anstehenden Verfahren zunehmend von Bedeutung sein dürfte.

Nicht umsonst wird das Geständnis in der kriminalistischen Literatur auch als »die Krone« oder »die Königin des Beweises« bezeichnet.[134] Auch wenn immer sichergestellt sein muss, dass kein falsches Geständnis vorliegt, kommt einem Geständnis in der Praxis eine besondere, oft unterschätzte, heilsame Wirkung zu. Es erkennt an, dass Unrecht geschehen ist, und erspart dem Opfer, das Gericht davon erst überzeugen zu müssen.

Eine nicht zu unterschätzende Chance für die Ukraine, der Welt zu zeigen, dass es nicht um Vergeltung, sondern darum geht, Verantwortungsübernahme für begangene (Menschen-)Rechtsverletzungen gerichtlich durchzusetzen und einsichtige, geständige und bereuende russische Soldaten milde zu bestrafen. Wenn dann parallel noch Ermittlungen (und bei ausreichender Beweislast auch Verurteilungen) gegen ukrainische Soldaten für Straftaten gegen russische Staatsbürger vor ukrainischen Gerichten erfolgten, könnte sich gerade in der russischen Bevölkerung das Bild über den Krieg langfristig verändern.[135] Hier ist bislang durch die ukrainische Justiz eine große Chance vertan worden.

Strafverfahren in Russland gegen ukrainische Soldaten

Auch in Russland werden hohe Haftstrafen gegen ukrainische Soldaten verhängt. So verurteilten nach Informationen der Tagesschau russische Gerichte in den letzten Monaten ukrainische Soldaten zu 26 Jahren Haft wegen versuchten Mordes und grausamer Behandlung von Zivilisten. Ein weiterer ukrainischer Soldat wurde zu einer lebenslänglichen Strafe verurteilt, weil er vier Zivilisten erschossen haben soll.[136] In beiden Staaten gibt es nach internationalen Maßstäben momentan keine unabhängige Justiz.

Kaum bekannt ist, dass Russland seinerseits angekündigt hat, einen internationalen Strafgerichtshof à la Nürnberg gründen zu wollen, um Kriegsverbrechen im Ukraine-Konflikt zu ahnden. 1300 Ermittlungsverfahren gegen 400 Personen sollen inzwischen gegen Ukrainer angestrengt worden sein.[137] Dieses von Russland geforderte internationale Tribunal wird nach Angaben Russlands von Bolivien, dem

Iran und Syrien unterstützt; also von Ländern, die nicht als Garanten einer unabhängigen Justiz angesehen werden können.[138] Einer Etablierung eines »Internationalen Gerichtshofes«, den nur wenige Länder (noch dazu mit zweifelhaftem Ruf) mittragen, was den Anschein eines Sondertribunals zu haben scheint und der nur gegen eine Seite ermittelt, wäre ebenfalls Einseitigkeit vorzuwerfen. Es ist darüber hinaus fraglich, inwieweit ein solches Tribunal zu einer angemessenen Aufarbeitung oder gar zur Versöhnung beitragen kann.

Bedeutung dieser Strafverfahren vor nationalen Gerichten

Von besonderer Bedeutung dürfte jedenfalls sein, dass Strafverfahren wegen Menschenrechtsverletzungen vor nationalen Gerichten und nicht Sondergerichten durchgeführt werden und mit Verurteilungen enden, gegen die Berufung eingelegt werden kann.

Trotz des diesen Verfahren anhaftenden Vorwurfs der Einseitigkeit liegt in der Durchführung von Strafverfahren wegen Menschenrechtsverletzungen ein wichtiges Signal: Wer für Menschenrechtsverletzungen verantwortlich ist, muss sich vor einem Gericht verantworten.

Für eine zu etablierende Art Wahrheitskommission, die gegen Geständnis Amnestie gewähren können sollte, bedeutet dies, dass bereits eine Drohkulisse aufgebaut ist, die zeigt, dass in Kriegszeiten begangene Straftaten nicht ungesühnt bleiben – jedenfalls bezüglich Soldaten der jeweils anderen Seite. Dies erhöht die Wahrscheinlichkeit, dass später Amnestieanträge eingereicht werden, um späteren Strafverfahren zuvorzukommen.

Wie mit Menschenrechtsverletzungen beider Seiten umgehen?

Nach dem Ende der kriegerischen Auseinandersetzungen in der Ukraine[139] wird insbesondere die Frage zu klären sein, auf welche Art und Weise die erfolgten Menschenrechtsverletzungen beider Seiten aufgearbeitet werden können. Dabei sollten die begrenzten Möglichkeiten einer strafrechtlichen Aufarbeitung berücksichtigt werden, wie *Claude Jorda* prägnant zusammengefasst hat.[140] Weiter sollte in besonderer Weise auf die Bedürfnisse der Opfer eingegangen werden.[141] Nach meiner festen Überzeugung könnte, nein sollte die Etablierung einer Art Wahrheitskommission nach dem südafrikanischen Modell ins Spiel gebracht werden.

Eine nationale oder internationale strafrechtliche Bewältigung wird ein sehr kostspieliges Unterfangen, wenn auch zweifelsfrei um ein Vielfaches billiger als die Fortführung der militärischen Auseinandersetzungen mit aus heutiger Sicht noch nicht vorhersehbarem Ausgang. Das für das ehemalige Jugoslawien eingerichtete Internationale Tribunal in Den Haag kostete über eine Milliarde US-Dollar, der für Sierra Leone eingerichtete *Special Court* 210 Millionen US-Dollar. Darüber hinaus stehen bei internationalen Strafgerichten bisher Opferinteressen bedauerlicherweise nicht im Vordergrund, auch wenn zunehmend die Rechte der Opfer gestärkt werden.[142]

Allein aufgrund der Menge an bereits laufenden Ermittlungsverfahren nur in der Ukraine wird man realistischerweise nicht alle Straftaten erfassen können. Daher sollte gut überlegt werden, ob es nicht sinnvoller ist, einem solchen Tribunal eine Wahrheitskommission vorzuschalten, die würdevolle Opferanhörungen durchführen, Tatverantwortlichen Amnestie gewähren, Verantwortliche vorladen und Mitglieder von Institutionen anhören kann.

Wer von der Möglichkeit, Amnestie zu beantragen und seine Taten offenzulegen, keinen Gebrauch machen will, sollte dann vor nationalen oder internationalen Gerichten strafrechtlich belangt werden können. Die Möglichkeit, Amnestie zu beantragen, sollte dabei jedem, auch hochrangigen Militärs, offenstehen.[143] Es wird sicher immer Menschen geben, die kein Interesse an einer Verantwortungsübernahme vor einer Wahrheitskommission haben und es auf eine strafrechtliche Verfolgung ankommen lassen werden.

Hier müsste ein eindeutiges und unwiderrufliches Signal gesetzt werden, was in Südafrika leider verpasst worden ist. Es müssten dann stringent Strafverfahren nach dem Abschluss der Arbeiten einer solchen Kommission durchgeführt werden, die bei Vorliegen eindeutiger Beweise unter Beachtung rechtsstaatlicher Verfahrensgrundsätze auch zu angemessenen Verurteilungen führen müssten.

Vorschlag: Etablierung einer Friedenskommission

Im Folgenden soll die Möglichkeit der Etablierung einer Art Wahrheitskommission[144] herausgearbeitet werden. Von dem Mandat einer solchen Wahrheitskommission, die treffender *Friedenskommission* heißen sollte, weil hier zwei unabhängige, souveräne Staaten betroffen sind, müssten sämtliche schwere Menschenrechtsverletzungen erfasst werden, unabhängig von der jeweiligen Nationalität der Verantwortlichen oder gar etwaiger Rechtfertigungsgründe und Befehlsketten.[145] Thematisiert werden müsste etwa auch, wenn Truppen in der Nähe ziviler Einrichtungen in Stellung gebracht werden, wie ein Bericht des Hohen Kommissars der Vereinten Nationen für Menschenrechte (OHCHR) der ukrainischen Armee vorgeworfen hat.[146]

Die Friedenskommission im Einzelnen

Eine Friedenskommission müsste komplett unabhängig sein und über ausreichend humane, materielle und finanzielle Ressourcen verfügen, um umfassend ermitteln zu können und um sämtliche Informationen, die in dem späteren Bericht erwähnt werden sollen, verifizieren zu können.[147]

Zusammensetzung der Kommissionsmitglieder

Die Mitglieder einer solchen Friedenskommission sollten ukrainische und russische Staatsangehörige sowie Angehörige anderer Staaten sein. Bei der Auswahl der Mitglieder sollte auf ein Gleichgewicht zwischen ukrainischen und russischen Staatsangehörigen ebenso wie zwischen Männern und Frauen geachtet werden.[148] Unumgänglich ist, dass internationale Kommissionsmitglieder den Vorsitz der Ausschüsse innehaben und insbesondere die Anhörungen leiten. Nur so ist eine unparteiliche Anhörungsleitung zu gewährleisten.

Auch die guatemaltekische Wahrheitskommission wurde von dem deutschen Professor für öffentliches Recht und Völkerrecht, *Christian Tomuschat*, geleitet, der von zwei guatemaltekischen Staatsangehörigen und 200 weiteren Mitarbeitern bei seiner Arbeit unterstützt wurde. Er hält die Leitung einer Wahrheitskommission durch eine internationale Person unter ähnlichen Umständen für eine Option, die in Betracht gezogen werden sollte.[149] Nach *Priscilla Hayner* haben sich mit Erfolg einige Wahrheitskommissionen aus nationalen und internationalen Mitarbeitern zusammengesetzt.[150]

Russische und ukrainische Staatsangehörige sollten paritätisch in allen Ausschüssen vertreten sein. Bei allen Mitgliedern der Kommission, insbesondere dem Präsidenten, sollte es sich um integre Menschen handeln, die unabhängig sind, die mit ihrem bisherigen Wirken bewiesen haben, dass ihnen das Wohl der Menschen am Herzen liegt, die sich mit ihrem Lebenswerk dafür eingesetzt haben und die sich nicht von Menschen in Machtpositionen beeindrucken oder gar beeinflussen lassen. Diese dürften gegenwärtig äußerst schwierig zu finden sein, da sich international bekannte Persönlichkeiten fast ausschließlich für die eine oder andere Seite positioniert haben und nationale Beförderungen oft nur erfolgen, wenn den Erwartungen der Vorgesetzten entsprochen wird. Es scheint daher ratsam, bei der Suche nach Mitgliedern für eine solche Kommission nicht bei Menschen in Beförderungspositionen zu suchen.

Konkret sollte eine Friedenskommission für den Ukraine-Konflikt aus zwei Ausschüssen bestehen: einem Opferausschuss und einem Amnestieausschuss. Jeder Ausschuss sollte beispielsweise fünf Mitglieder haben. Zwei Kommissionsmitglieder sollten ukrainische Staatsangehörige sein und zwei weitere sollten russische Staatsangehörige sein. Der jeweilige Vorsitz der Komitees sollte international besetzt werden. Der Präsident der Friedenskommission sollte weder die ukrainische noch die russische Staatsangehörigkeit haben. Beide Ausschüsse sollten einen großen Stab von ukrainischen, russischen und internationalen Mitarbeitern haben. Als Kommissionsmitglieder sollten insbesondere Juristen sowie Vertreter der Glaubensrichtungen beider Länder sowie Psychologen in Betracht kommen. Die Zahl des Mitarbeiterstabs sollte sich an der südafrikanischen Wahrheitskommission orientieren. Diese hatte 300 Mitarbeiter, aufgeteilt auf die vier Büros. (Im Vergleich dazu hatte die guatemaltekische Wahrheitskommission 200 Mitarbeiter und die peruanische Wahrheitskommission 500 Mitarbeiter.)[151]

Sitz der Kommission

Wo der Hauptsitz der Kommission liegen sollte, müsste wohl in den Friedensgesprächen ausgehandelt werden.[152] Vielleicht sollte der Hauptsitz der Kommission in einem europäischen Land liegen. In Betracht käme Genf (Schweiz), auch »Hauptstadt des Friedens« genannt, oder Montpellier (Frankreich), wo 1622 der Friedensvertrag zwischen Ludwig XVII. und dem *Duc de Rohan* geschlossen wurde.

Mindestens ein Büro sollte jeweils auf ukrainischem Territorium und russischem Territorium eröffnet werden. Die Büros einer Friedenskommission sollten in den Regionen eröffnet werden, in denen die meisten Taten geschehen sind, sodass möglichst viele Opfer in örtlicher Nähe zu ihrem Wohnort aussagen könnten. Sollte das nicht möglich sein, müssten dann zumindest die Anhörungen in den jeweiligen Regionen stattfinden, die am meisten von den Menschenrechtsverletzungen betroffen waren, damit die Opfer keine weite Anreise hätten. Um schriftliche Opferaussagen aufzunehmen, müsste selbstverständlich zu den Opfern gereist werden.

Aufarbeitung schwerer Menschenrechtsverletzungen

Eine Friedenskommission sollte zum Ziel haben, ein möglichst umfassendes Bild von den Ursachen, der Art und dem Ausmaß schwerer Menschenrechtsverletzungen zu erarbeiten, die zwischen dem 20. Februar 2014[153] und dem Ende der kriegerischen Auseinandersetzungen stattgefunden haben – einschließlich der Identifizierung und Benennung der Einzelpersonen und Organisationen, die für solche Verbrechen verantwortlich waren, aber auch der Rolle internationaler Akteure dabei. Ziel sollte sein, die menschliche und gesellschaftliche Würde der Opfer schwerer Menschenrechtsverletzungen wiederherzustellen, insbesondere durch Zeugenaussagen, aber auch durch zeitnahe Wiedergutmachungszahlungen und, wenn möglich, durch Verantwortungsübernahme seitens der Täter und der jeweiligen Befehlsgeber. Dabei sollte sich das Mandat auf schwere Menschenrechtsverletzungen beschränken. *Christian Tomuschat* weist darauf hin, dass das Ziel von Wahrheitskommissionen sein sollte, die schwerwiegendsten Verstöße gegen Rechtsnormen und Gerechtigkeit zu dokumentieren.[154]

Am Ende der Mandatszeit hätte die Kommission den Präsidenten der Ukraine sowie Russlands einen Bericht darüber zu überreichen. Darin sollten Vorschläge und Empfehlungen enthalten sein, zur künftigen Vermeidung der Wiederholung solcher und ähnlicher Konflikte. Darüber hinaus wäre im Interesse der Akzeptanz einer Friedenskommission zu empfehlen, dass der Abschlussbericht unbedingt Vorschläge zu Wiedergutmachungsleistungen enthalten sollte, die dann aber von einer gesonderten Institution umzusetzen wären.

Opferstatus

Das Mandat der Kommission sollte wie bei der südafrikanischen Wahrheitskommission auf schwere Menschenrechtsverletzungen beschränkt werden. Nach § 1 (1) (ix) des TRC-Gesetzes fielen darunter: Mord, Entführung, Folter, schwere Misshandlungen oder jeweils der Versuch, die Anstiftung und die Verabredung oder der Befehl dazu.[155] Daran könnte angeknüpft werden, sodass die Friedenskommission zuständig wäre für:

- Mord
- Totschlag
- Folter
- sexuelle Gewalt
- schwere Misshandlungen
- Entführung, insbesondere Kindesentführungen
- oder jeweils den Versuch, die Anstiftung und die Verabredung oder den Befehl dazu

Es sollte ein weiter Opferbegriff zugrunde gelegt werden. Unter den Opferbegriff sollten unbedingt auch nahe Angehörige fallen. Um den Personenkreis zu bestimmen, der im Rahmen des Mandats der Friedenskommission unter Opfer zu fassen wäre, sollte Art. 2 der Opferschutzrichtlinie 2012/29/EU vom 25. Oktober 2012 zurate gezogen werden. Danach fallen unter den Opferbegriff dieser Richtlinie

a) i) *eine natürliche Person*, die in Folge einer Straftat eine körperliche, geistige oder seelische Schädigung oder einen wirtschaftlichen Verlust erlitten hat;
   ii) *Familienangehörige einer Person*, die durch den Tod dieser Person als direkte Folge einer Straftat eine Schädigung erlitten haben.

Unter Familienangehörige im Sinne von ii) fallen nach

b) dieser Richtlinie der Ehepartner des Opfers, die Person, die mit dem Opfer stabil und dauerhaft in einer festen intimen Lebensgemeinschaft zusammenlebt und mit ihm einen gemeinsamen Haushalt führt, sowie die Angehörigen in direkter Linie, die Geschwister und die Unterhaltsberechtigten des Opfers.[156]

Opfer-, Ereignis- und Institutionsanhörungen

Bevor öffentliche Opferanhörungen durchgeführt werden können, müssen *Statement Taker* (Interviewer) Opfer an ihrem jeweiligen Wohnort bzw. an einem alternativen Ort ihrer Wahl aufsuchen und ihnen die Möglichkeit geben, über das ihnen widerfahrene Leid zu berichten. Hier gilt es eine Balance zu schaffen zwischen dem Bedürfnis der Opfer, den Akzent auf ihre Empfindungen und Wahrnehmungen zu legen, und das Bedürfnis der Kommission, aus den Berichten nachprüfbare, gerichtsfeste Fakten für den Abschlussbericht zu gewinnen. Es bietet sich an, ein Formular unter Berücksichtigung der 5. Version des *Victim-Statement*-Formulars der südafrikanischen Wahrheitskommission zu erarbeiten.[157] Bereits hier ist darauf zu achten, dass durch das Berichten möglichst keine Retraumatisierung erfolgt. Psychischer Beistand sollte, wenn möglich noch vor, in jedem Fall aber während der Aussage und danach angeboten werden.

Die eindrucksvollsten Opfergeschichten sollten anschließend von den Kommissionsmitgliedern des Opferkomitees für öffentliche Anhörungen ausgewählt werden. Dabei sollte das Ziel dieser öffentlichen Anhörungen sein, Opfern und ihren Familien ein Forum und einen Raum zu bieten, in dem sie würdevoll ihre Geschichte erzählen und Kontakte zu anderen Opfern und Überlebenden knüpfen können. Darüber hinaus sollte dies die Möglichkeit bieten, der Gewalt und den oft zahllosen Opfern ein Gesicht zu geben, indem beispielhafte Geschichten und Schicksale aufgezeigt werden.[158] Um Retraumatisierungen entgegenzuwirken, ist es wichtig, die Opfer vorher darauf hinzuweisen, dass das öffentliche Berichten über traumatische Erlebnisse die alten Wunden wieder aufreißen kann. Psychologische Begleitung sollte während und nach der Anhörung vorgehalten werden, um sie professionell dabei zu unterstützen, entstandene Traumata zu verarbeiten.

Dies wurde insbesondere vor der Wahrheitskommission in Kanada vermisst. Dort haben indigene Menschen von Missbrauchserfahrungen, die vor über 40 Jahren in *residential schools* passiert waren, berichtet. Unter *residential schools* werden besondere Internate verstanden, die die Kinder der indigenen Bevölkerung Kanadas am Ende des 19. Jahrhunderts zwangsweise bis in die 80er-Jahre hinein über Jahre, teilweise ohne zwischendurch nach Hause zu dürfen, besuchen mussten und in denen sie nach dem Vorbild der europäischen Kultur lesen und schreiben lernen, vor allem aber ihre indigene Kultur, Sprache und Traditionen verlernen sollten. Durch die kanadische Wahrheitskommission (2008–2015) kam heraus, dass die Kinder sehr oft von den dort eingesetzten Mönchen und Nonnen körperlich und sexuell missbraucht und zur Arbeit gezwungen worden waren. Viele haben diese *residential school* traumatisiert verlassen und hatten dadurch tatsächlich den Kontakt zu ihrer reichen Kultur weitgehend verloren.[159] Durch die Berichte vor der Wahrheitskommission konnte dieses dunkle Kapitel in der Geschichte Kanadas endlich ins Bewusstsein der gesamten Bevölkerung vordringen.

Für viele, die vor der kanadischen Wahrheitskommission berichtet haben, war dies wie ein Aufreißen der alten Wunden, wofür psychologischer Beistand gerade nach der Befragung vor der Kommission benötigt worden wäre. Zwar hat sich in Kanada eine 24-Stunden-Hotline für *survivor*s der *residential schools* bewährt, die vor der dortigen Wahrheitskommission aussagen konnten[160], jedoch wurde die 24-Stunden-Hotline nicht immer als ausreichend empfunden.[161]

Auch *Priscilla Hayner* berichtet von zwei Interviews mit Opfern, die vor der südafrikanischen Wahrheitskommission ausgesagt hatten und die wenige Wochen danach von einer Zunahme von Symptomen einer Posttraumatischen Belastungsstörung (PTBS) berichtet haben.[162] *Thulani Grenville-Grey*, der Psychologe, der für das Personal der südafrikanischen Wahrheitskommission gearbeitet hatte, sagte dazu, es sei trotzdem gut, mit seinem Schmerz in Kontakt zu kommen. Erst müsse es schlimmer werden, bevor es einem wieder besser gehen könne. Nur so geschehe echte Veränderung.[163]

Festzuhalten ist, dass Opfer gerade nach den Anhörungen vor einer Wahrheits- oder Friedenskommission psychologischen Beistand am besten schon vor ihren Aussagen erhalten müssen, um mit den durch das Berichten möglicherweise wieder aufgerissenen Wunden hinterher besser umgehen zu können.

Die Anhörungen sollten ausnahmslos öffentlich und in der Nähe des Wohnortes der Opfer und in deren Sprache mit Übersetzern stattfinden. Empfehlenswert ist, dass über die Anhörungen umfänglich in den jeweiligen Landesmedien, aber auch international berichtet wird, vergleichbar mit den Berichten des SABC in den Abendnachrichten und dem TRC Special Report über die Anhörungen der Wahrheitskommission in Südafrika[164] oder dem Bericht über den Eichmann-Prozess 1961 in Jerusalem.

Opfer sollten begleitet und betreut durch emphatische Psychologen, öffentlich und in Würde ihre Geschichte in ihrer Muttersprache erzählen können. Vor der südafrikanischen Wahrheitskommission hat sich bewährt, den Opfern einen *briefer* (Tröster) zur Seite zu stellen, der vor, während und nach der Anhörung an der Seite der Opfer verblieb, insbesondere mit den Opfern ein *debriefing* (Nachbesprechung) abhielt.

Vorbildlich haben vor der Wahrheitskommission in Sierra Leone im Rahmen besonderer Frauenanhörungen Vor- und

Nachbesprechungen bei Opfern zu Hause stattgefunden, organisiert und finanziert durch UNIFEM.[165] Auch in Südafrika haben sich sehr erfolgreich Opfergruppen gebildet, etwa die Kulumani-Gruppe, die regelmäßige Opfertreffen anbot und auch Beerdigungsrituale für Verstorbene durchführte.[166]

Opfern sexueller Gewalt ist unbedingt mit besonderer Sensibilität zu begegnen. Insbesondere sollte darauf geachtet werden, dass die Personen, welche die Opfer befragen, im Umgang mit traumatisierten Menschen qualifiziert geschult sind.[167] Insbesondere sollten für die Befragung von Opfern sexueller Gewalt vorher besondere Schulungen in Interviewtechniken durchgeführt werden und ausreichend weibliche Interviewer zur Verfügung stehen, um eine geschlechtsspezifische Sensibilität gewährleisten zu können.[168]

Neben Opferanhörungen sollten auch Anhörungen zu bestimmten Ereignissen (vergleichbar mit den *special event hearings* der TRC) durchgeführt werden, wie etwa zu den Geschehnissen in Butscha im Frühjahr 2022, aber auch zu solchen Ereignissen wie dem Brand im Gewerkschaftshaus von Odessa am 2. Mai 2014, dem 42 prorussische Aktivisten zum Opfer fielen, oder dem Raketeneinschlag auf dem Marktplatz von Kostjantyniwka am 9. September 2023.

Schließlich sollten Institutionsanhörungen stattfinden, vergleichbar mit den »*institutional hearings*«[169] vor der südafrikanischen Wahrheitskommission. Insbesondere sollten hier die Militärführungen Russlands und der Ukraine Auskunft zu den Hintergründen militärischer Entscheidungen geben, wie etwa Entscheidungen, warum welche Ziele angegriffen wurden und warum Truppen und schwere Militärtechnik in der Nähe ziviler Einrichtungen in Stellung gebracht wurden.[170] Ebenso sollten die Hintergründe für gescheiterte Friedensinitiativen (von Istanbul/Budapest) wie etwa im März 2022 aufgeklärt werden, die zu einer Verlängerung des Krieges und weiteren Menschenrechtsverletzungen geführt haben.

Auch sollten Anhörungen zu den Geschehnissen in der Ostukraine seit 2014 durchgeführt werden.[171] So hat 2019 der Internationale Strafgerichtshof festgestellt, dass ukrainische Streitkräfte möglicherweise Kriegsverbrechen gegen russische Soldaten in der Ostukraine begangen haben.[172] Diesem Vorwurf sollte im Rahmen dieser Friedenskommission genauso nachgegangen werden wie Ermittlungen gegenüber sonstigen Geschehnissen seit dem 24. Februar 2022.

Rolle internationaler Akteure

Priscilla Hayner weist darauf hin, dass durch die Wahrheitskommission ebenso die Rolle internationaler Akteure ermittelt werden sollte, denn in den allermeisten Konflikten spielen sie eine zum Teil entscheidende Rolle.[173] So wies *Christian Tomuschat,* als er den Bericht der guatemaltekischen Wahrheitskommission öffentlich vorstellte, darauf hin, dass die US-Regierung über die ihr zugehörigen Strukturen, einschließlich des zentralen Geheimdienstes, direkt und indirekt einige illegale staatliche Operationen unterstützt hatte. Dafür entschuldigte sich Präsident *Bill Clinton* bei seinem folgenden Guatemala-Besuch.[174] Es ist davon auszugehen, dass den USA und anderen internationalen Akteuren auch im Ukraine-Konflikt schon vor 2022 eine entscheidende Rolle zukam.[175] Dies sollte durch die Friedenskommission näher beleuchtet werden.

Zeitlicher Rahmen der Kommission

Die Kommission sollte mindestens für die Dauer von 36 Monaten etabliert werden. Erfahrungen mit Wahrheitskommissionen zeigen, dass sich ein Mandat für die Dauer von mehreren Jahren bewährt hat.[176] Bei Bedarf muss die Möglichkeit bestehen, das Mandat zwei Mal für weitere 24 Monate zu verlängern, insbesondere um dem Amnestieausschuss Zeit zu geben, Amnestieentscheidungen vorzubereiten und zu begründen.

Das Wirken der südafrikanischen Wahrheitskommission war zunächst auf 18 Monate beschränkt und ist dann später um insgesamt 12 Monate verlängert worden. Der Amnestieausschuss brauchte länger für seine Entscheidungen. Am 29. Oktober 1998 wurden die ersten fünf Bände des Abschlussberichts an Präsident *Nelson Mandela* überreicht. 2003 erst wurden die Bände 6 und 7 an Präsident *Thabo Mbeki* überreicht.[177] Die kanadische Wahrheitskommission arbeitete von 2008 bis 2015.

Die Erfahrungen anderer Wahrheitskommissionen zeigen, dass solide Arbeit Zeit braucht und kein terminlicher Druck gleich welcher Art ausgeübt werden darf. Gleichzeitig darf der zeitliche Rahmen aber auch nicht zu lang sein. Sonst steht zu befürchten, dass sich die Bevölkerung von dem Prozess irgendwann gelangweilt abwendet. Je schneller eine Wahrheitskommission ihren Bericht überreichen kann, desto höher scheint die kathartische Wirkung zu sein.[178]

Befugnisse der Kommission

Unabdingbare Voraussetzung für den Erfolg einer solchen Friedenskommission ist, dass sie mit wichtigen Befugnissen ausgestattet wird, wie etwa der Befugnis, individuelle Amnestie unter bestimmten Voraussetzungen zu gewähren, Personen des öffentlichen Lebens vorladen zu können, Zugang zu Polizei- und Militärarchiven zu erhalten und Akten beschlagnahmen zu können. Nur dann kann sie auch einen wesentlichen Beitrag zur Aufklärung des Geschehenen leisten. Die Erfahrungen anderer Wahrheitskommissionen zeigen: Solange Menschen, die für schwere Menschenrechtsverletzungen verantwortlich sind, weiterhin die Macht innehaben, besteht keine Bereitschaft, freiwillig mit einer Wahrheitskommission zusammenzuarbeiten und belastende Informationen zur Verfügung zu stellen.[179]

Voraussetzungen für die Gewährung von individuellen Amnestien

Entscheidend für die Etablierung einer Friedenskommission ist die Kompetenz, nach dem Vorbild der südafrikanischen Wahrheitskommission individuelle Amnestie gewähren zu können. Schon *Alex Boraine,* stellvertretender Präsident der südafrikanischen Wahrheitskommission, weist darauf hin, dass individuelle Amnestien quasi als eine Belohnung zu verstehen seien, über eigene Verwicklungen in Menschenrechtsverletzungen öffentlich Auskunft zu geben.[180]

Es müssten vorher allerdings bestimmte Voraussetzungen für die Gewährung von Amnestien festgelegt werden. Etwa dass eine Amnestie nur für Taten, für die umfassende Verantwortung übernommen worden ist, gewährt werden kann. Anknüpfungspunkt sollte – dem Vorbild der südafrikanischen Wahrheitskommission (§ 20 des TRC-Gesetzes) entsprechend – sein:

- ein *vollständiges Offenlegen* der eigenen Tatbeteiligung unter Nennung von Mitbeteiligten und Befehlsgebern (*full disclosure* – wie nach § 20 (1) des TRC-Gesetzes) sowie
- ein *zeitlicher Rahmen*, etwa beginnend mit dem 20. Februar 2014[181] bis zum Ende des Konflikts. Denn der Beginn des Ukraine-Konflikts 2022 ist zwar der völkerrechtswidrige Einmarsch der russischen Armee auf das Territorium der Ukraine am 24. Februar 2022. Dieser kann aber nicht ohne die NATO-Osterweiterungen seit den 90er-Jahren und die Geschehnisse in der Ukraine, insbesondere die von den USA unterstützten gewalttätigen Unruhen auf dem Maidan am 20. Februar 2014, und dem sich anschließenden Krieg zwischen Kiew und den östlichen Gebieten um Donezk und Luhansk im östlichen Teil der Ukraine, verstanden werden.[182]
- Voraussetzung für eine Amnestierung sollte auch der *Nachweis eines politischen Motivs der Tat* sein (wie § 20 (3) des TRC-Gesetzes). So sollte etwa ein Bezug zu den kriegerischen Auseinandersetzungen in der Ukraine gefordert werden, um auszuschließen, dass viele derzeit in der Ukraine oder in Russland im Gefängnis Einsitzenden einen Antrag auf Amnestie stellen, weil sie nichts zu verlieren haben, so wie es in Südafrika geschehen ist und unnötige Arbeit verursacht hat.

Wie in Südafrika auch sollte keine Amnestie für Taten gewährt werden, die jemand zu seinem persönlichen Vorteil begangen hat. Dabei waren aber nicht schon Taten ausgeschlossen, für die jemand einen finanziellen Vorteil als Informant des Staates, einer politischen Organisation oder einer Befreiungsbewegung bekommen hatte. Darüber hinaus waren Taten ausgeschlossen, die jemand aus Böswilligkeit, Missgunst oder Verachtung begangen hatte.

- Die Möglichkeit, einen Amnestieantrag zu stellen, müsste weiter *zeitlich begrenzt werden* – etwa auf ein Jahr nach Beginn der Arbeit der Kommission.[183]

Die im Rahmen von Amnestieanträgen abgelegten Geständnisse der Antragsteller müssen auf ihre Richtigkeit hin überprüft werden. Insbesondere muss sichergestellt sein, dass ein *umfassendes* Geständnis abgegeben worden ist. Werden entscheidende Details nicht mitgeteilt, sollte keine Amnestie gewährt werden. Hier wird die Zusammenarbeit mit den Ermittlungsteams des Internationalen Strafgerichtshofes und nationalen Gerichten von entscheidender Bedeutung sein, um das Ausmaß der Tat überprüfen zu können. Es wäre sehr wünschenswert, wenn die Mitarbeiter des Internationalen Strafgerichtshofes in der Friedenskommission keine lästige Konkurrenz sähen (wie es die Gerichte in Südafrika bezüglich der Wahrheitskommission taten), sondern eine große Chance für eine Perspektive für ein friedliches Nebeneinander zwischen Ukrainern und Russen, das es zu unterstützen gilt.

Die Folgen einer Amnestierung müssten vorher umfassend geregelt werden. Nach dem TRC-Gesetz wurden Amnestieantragsteller sowie die dahinterstehende Organisation beziehungsweise der Staat bei Gewährung einer Amnestie durch den Amnestieausschuss von jeglicher strafrechtlichen und zivilrechtlichen Haftung (§ 20 (7) TRC-Gesetz) für die amnestierte Tat befreit. Diese Regelung sollte für die Etablierung einer Friedenskommission übernommen werden.

Menschen, die für schwere Menschenrechtsverletzungen verantwortlich sind und sich weigern, im Rahmen eines besonderen Verfahrens vor einer solchen Kommission Verantwortung zu übernehmen, sollten sich dann zeitnah vor einem nationalen Gericht, vor internationalen *Ad-hoc-* oder *Hybrid*-Tribunalen oder dem Internationalen Strafgerichtshof in Den Haag (soweit er zuständig ist) für ihre Taten verantworten müssen. Die Gefahr, sich vor einem Strafgerichtshof verantworten zu müssen, muss mehr als wahrscheinlich sein; sonst steht zu befürchten, dass keine Amnestieanträge eingereicht werden.[184]

Vor der guatemaltekischen Wahrheitskommission, die gerade nicht das Mandat hatte, Amnestie zu gewähren, ja nicht einmal die Namen der Verantwortlichen veröffentlichen durfte, haben sehr, sehr wenige Tatverantwortliche ausgesagt. *Christian Tomuschat* ordnet die ganz wenigen, die Angaben gemacht haben, in zwei Gruppen ein. Zum einen hätten sich Menschen gemeldet, die zu Taten angestiftet hatten und ihre Taten später tief bereut haben. Zum anderen hätten sich einige Angehörige der Sicherheitskräfte bei der Kommission gemeldet, weil sie den Eindruckt gehabt hätten, dass sie von ihren Vorgesetzten ungerecht behandelt und dass insbesondere die ihnen versprochenen Belohnungen nach der Tat nicht eingehalten worden wären.

Der Bericht wurde in Folge von den herrschenden Kreisen auch kritisiert, er sei einseitig und schildere nur die Opferperspektive, vor allem der verfolgten Maya-Bevölkerung, was sich mit der Weigerung der Angehörigen der Polizei und des Militärs erkläre, mit der Wahrheitskommission zusammenzuarbeiten.[185]

Es ist daher nach dem Ende des Ukraine-Konflikts gut vorstellbar, dass gerade rangniedere Soldaten vor einer solchen Kommission Amnestieanträge einreichen werden, denn es hat sich schon in der Vergangenheit gezeigt, dass sich einige russische Soldaten der ukrainischen Justiz selbst gestellt haben – aus Reue über ihre Tat(en).[186] Die Geständnisse müssten im Rahmen der Amnestieverfahren auf ihre Richtigkeit hin überprüft werden. Sofern sie Angaben zu Befehlsstrukturen enthalten, wovon auszugehen ist, könnten sie für spätere Strafverfahren gegen ranghöhere Soldaten (eventuell dann vor nationalen oder internationalen Gerichten) verwendet werden und von hohem Wert sein.

Entschädigungszahlungen durch Täter nach gewährter Amnestie

Auch sollte mitbedacht werden, dass Menschen, denen Amnestie gewährt wird, eine Entschädigung an die Opfer zu leisten haben, um das Unrecht wiedergutzumachen. Dies kann durch eine Geldleistung, ausgerichtet an ihren Vermögensverhältnissen, aber auch durch symbolische Leistungen erfolgen. Diese Entschädigung sollten zusätzlich zu denen aus dem Opferfonds *(people fund)* gewährt werden. Damit kann der Eindruck vermieden werden, dass jemand, der Menschenrechte verletzt hat, mit einer Amnestie »billig« davonkommt, während Opfer »leer« ausgehen.

Harvard-Psychiaterin *Judith Herman* hat herausgefunden, dass viele Opfer eine Entschädigung direkt durch den Tatverantwortlichen bevorzugen. Sie wollen sehen, dass diese Verantwortung übernehmen, sich um Wiedergutmachung bemühen und so Gerechtigkeit wiederherstellen, ohne dass eine Bestrafung erforderlich wäre.[187]

Sexuelle Gewalt gegen Frauen, Kinder und Männer

Wichtige Aufgabe einer Friedenskommission wäre es herauszufinden, ob sexuelle Gewalt als Element der Kriegsführung eingesetzt wurde. Dabei wäre zu differenzieren, ob sexuelle Gewalt gegen Frauen, Kinder oder Männer vereinzelt vorgekommen ist oder gar Teil eines strategischen Plans war.

Die guatemaltekische Wahrheitskommission etwa kam in ihrem Bericht zu dem Ergebnis, dass die Vorfälle extremer sexueller Gewalt gegen Frauen keine isolierten Taten oder sporadische Exzesse waren, sondern vielmehr Teil eines strategischen Plans, der insbesondere Frauen mit Maya-Hintergrund betraf.[188] Das Ausmaß sexueller Gewalt gegen Frauen in Guatemala war bis zum Bericht der Wahrheitskommission nicht bekannt gewesen.[189] Leider enthält der Abschlussbericht keinerlei Empfehlungen zu Wiedergutmachungen für Opfer sexueller Gewalt.[190]

Es gilt demnach herauszufinden, wer wen unter welchen Umständen und unter welchen Befehlsstrukturen sexuell missbraucht hat. Insbesondere sollte geklärt werden, inwieweit Befehlshaber derartige Menschenrechtsverletzungen gegenüber der Zivilbevölkerung geduldet haben oder eine Atmosphäre geschaffen haben, in der derartige Handlungen als akzeptabel oder gar als erwartet angesehen werden konnten.

Um ein Gespür für einen sensitiven Umgang mit geschlechtsspezifischen Themen zu entwickeln, sollten Kommissionsmitglieder frühzeitig zu geschlechts- und frauenspezifischen Themen, z.B. zu sexueller Gewalt und Frauenrechten, geschult werden.[191] *Jeremy Sarkins* und *Sarah Ackermann* schlagen sogar vor, spezielle »gender units« innerhalb einer Wahrheitskommission einzurichten.[192]

In diesem Zusammenhang ist frühzeitig in enger Zusammenarbeit mit Menschenrechtsorganisationen und Frauen-gruppen ein Schutzprogramm für Frauen, aber auch für Männer und Kinder, die Opfer von sexuellen Übergriffen geworden sind, zu entwickeln. Insbesondere muss überlegt werden, wie diese zur Aussage motiviert werden könnten, ohne Nachteile befürchten zu müssen. So hat die südafrikanische Wahrheitskommission etwa besondere Anhörungen für Frauen organisiert, die auch nur von Frauen durchgeführt wurden.[193] Wobei *Jeremy Sarkins* und *Sarah Ackermann* darauf hinweisen, dass es erst durch den Druck des Center of Applied Legal Studies (CALS) zu einer Umgestaltung der Kommission kam und während der speziellen Frauenanhörungen nur Frauen auf dem Podium saßen. In einem Fall wurde der Aussagenden sogar erlaubt, hinter einem Vorhang zu bleiben, sodass sie von den Kameras nicht erfasst werden konnte.

Positiv hervorzuheben ist hierbei die Wahrheitskommission von Sierra Leone. Dort wurde etwa eine dreitägige Anhörung nur von Frauen durchgeführt. Zwei Tage zuvor unterrichteten Mitarbeiter des Entwicklungsfonds der Vereinten Nationen für Frauen (UNIFEM) und Urgent Action Fund for Women's Human Rights (UAF) die Kommissionsmitglieder über internationales Recht, insbesondere Sexualverbrechen und adäquate Interviewtechniken. Die Anhörungen fanden dann zum Teil öffentlich, zum Teil aber auch hinter geschlossenen Türen statt. Die Frauen konnten sich jeweils aussuchen, ob sie öffentlich, hinter einer Wand oder hinter verschlossenen Türen aussagen wollten. Auch war während allgemeiner Anhörungen in jedem Bezirk jeweils ein Tag für Frauen, die Opfer von Sexualverbrechen waren, vorbehalten. Zwar nahmen an diesen Anhörungen auch männliche Kommissionsmitglieder teil, die Fragen an die Zeuginnen wurden aber nur von weiblichen Kommissionsmitgliedern gestellt.

So enthält auch – wenig verwunderlich – der TRC-Bericht für Sierra Leone spezifische Empfehlungen, um Abhilfe zu schaffen und Frauen vor Gewalt und Missbrauch in politischen, rechtlichen, sozialen, wirtschaftlichen und kulturellen Lebensbereichen zu schützen. Auch sprach die Wahrheitskommission für Sierra Leone einige wertvolle Empfehlungen zur Reform des Gesetzes über häusliche Gewalt, des Erbrechts sowie des Ehe- und Scheidungsrechts aus.[194]

Die südafrikanische Wahrheitskommission musste in ihrem Schlussbericht einräumen, dass die Definition von schweren Menschenrechtsverletzungen *(gross violation of human rights)*, die von der Kommission zugrunde gelegt worden war, blind gegenüber Arten von Missbrauch, hauptsächlich gegenüber Frauen, war.[195] Dieser Fehler sollte sich nicht wiederholen. Vielmehr müssen neu zu etablierende Wahrheitskommissionen die Geschlechterperspektive einbeziehen, um Menschenrechtsverletzungen vollständig zu verstehen, sichtbar zu machen und falsche Vorstellungen über den Zusammenhang zwischen Männlichkeit und Gewaltausübung besser zu durchleuchten.[196]

Jeremy Sarkins und *Sarah Ackermann* weisen darauf hin, dass es bei den fünf verschiedenen von ihnen untersuchten Wahrheitskommissionen im Ergebnis überhaupt nur dann zu einer geschlechtsspezifischen Sensibilität gekommen war, wenn eine direkte Einflussnahme durch Menschenrechtsorganisationen vorgelegen hatte.

Entscheidend sei weiter, dass Wahrheitskommissionsempfehlungen von den amtierenden Regierungen durch Reformen unmittelbar umgesetzt würden. Dann käme ihnen ein großes Potenzial zu, die Situation gerade von Frauen in Post-Konflikt-Gesellschaften zu verändern und eine Reihe von Problemen, einschließlich struktureller Gewalt gegen Frauen, stark zu beeinflussen.[197]

Bedeutung strafprozessualer Befugnisse

Wichtig für den Erfolg der Kommission ist, dass sie unabhängig und mit weitgehenden strafprozessualen Befugnissen ausgestattet ist.[198] Sie muss insbesondere Personen (inkl. Präsidenten) vorladen und vernehmen können. Sie muss weiter befugt sein, Räume zu durchsuchen – inklusive Ministerien, Polizeidirektionen, Militärbasen – und Schriftstücke und Gegenstände zu beschlagnahmen.

Zudem müssen Regelungen getroffen werden für den Fall, dass Anordnungen der Kommission nicht befolgt werden. Es sollte dann möglich sein, vor Gericht zu klagen und Strafen verhängen zu lassen, so wie die südafrikanische Wahrheitskommission Ex-Präsident *Pieter Willem Botha* vor Gericht verklagt hatte, nachdem er die Vorladung der Kommission ignoriert hatte. Er war in erster Instanz zu einer Geldstrafe von 10 000 Rand (etwa 1 400 Euro) und zu einer einjährigen Freiheitsstrafe auf Bewährung verurteilt worden.[199] Auch wenn dieses Urteil wegen eines Formfehlers in zweiter Instanz aufgehoben werden musste, war das Urteil, das in der ersten Instanz gegen einen ehemaligen Präsidenten erstritten werden konnte, ein sehr wichtiges, gleichwohl nur symbolisches Signal.

Fehlt eine solche Kompetenz, wie im Fall der Wahrheitskommission in Guatemala, steht zu besorgen, dass ranghohe Angehörige des Militärs, der Polizei, der Geheimdienste und der Regierung (im Rahmen der Institutionsanhörungen) schlicht nicht aussagen werden und wichtige Informationen über Befehlsketten nicht gewonnen werden können.[200]

Da es sich um zwei verschiedene Länder handelt, müsste im Rahmen der hier skizzierten Friedenskommision vorab geklärt werden, welches nationale Gericht wofür zuständig ist. So müsste klar bestimmt werden, dass, wenn ein ukrainischer Staatsbürger einer Vorladung vor die Kommission nicht Folge leistet, ukrainische Gerichte und gleichermaßen, wenn ein russischer Staatsbürger einer Vorladung der Kommission nicht Folge leistet, russische Gerichte zuständig sind. Bliebe zu wünschen, dass die angerufenen Gerichte in den jeweiligen Ländern demokratisch, rechtsstaatlich und unabhängig genug sind, um die Kommission bei ihrer Aufgabe der Aufklärung des Geschehenen zu unterstützen, wie es in Südafrika der Fall war. Das bedeutet, dass jegliche Nichtfolgeleistung von Anordnungen der Kommission strafrechtlich geahndet werden muss, eventuell sogar mit der Verhängung einer Freiheitsstrafe, die auf Bewährung ausgesetzt werden kann.

Möglichkeit einer mediierten Begegnung zwischen Tätern und Opfern

Allen Tätern wie Opfern sollte die Möglichkeit offenstehen, der jeweils anderen Seite mithilfe eines Mediators auf Wunsch begegnen zu können. *John Braithwaite* verweist darauf, dass es sowohl in Russland als auch in der Ukraine eine *Restorative-Justice*-Bewegung gebe, die bereits im Konflikt 2014 im östlichen Teil der Ukraine versucht habe, gemeinsam eine Brücke zum Frieden zu bauen.[201] Ihr Scheitern 2014 dürfte an geopolitisch stärkeren Kräften gelegen haben, die nicht an einer friedlichen, lokalen Lösung interessiert waren.[202] Auch *Mariya Khoronzhevych* weist darauf hin, dass in der Ukraine hochmotivierte Mediatoren vorhanden seien, es aber noch an Gesetzen und engagierten Richtern und Staatsanwälten fehle, *Restorative Justice* beherzt umzusetzen.[203]

Dabei ist ausdrücklich darauf hinzuweisen, dass kein Druck ausgeübt werden darf, eine Seite zu einer solchen Be-

gegnung zu drängen. Es sollte lediglich ein Angebot unter-
breitet werden, über das alle Seiten umfassend informiert
werden müssen, um eine souveräne Entscheidung treffen
zu können. Schön wäre es, wenn ein solches Angebot zeitlich unbegrenzt bestehen bliebe. Es sollte gewährleistet werden, dass auch noch in vielen Jahren die Möglichkeit einer
Begegnung unter Anleitung von Mediatoren besteht. Unter
Umständen dürfte es auch viel Zeit benötigen, um die Möglichkeit, mediierte Gespräche mit der anderen Seite durchzuführen, überhaupt nur in Erwägung zu ziehen.

John Braithwaite betont, dass die Restorative-Justice-Be-
wegung weltweit etwas anzubieten habe: Friedensstiftung.
»Wir können uns in kleinem Rahmen einbringen, wissend, dass
wir die meisten Antworten nicht haben, demütig darüber, wie begrenzt unsere Fähigkeit ist, etwas gegen die geopolitische Macht
zu tun. Dennoch können wir begierig sein, alles in unserer Macht
Stehende für eine mitfühlende Vision zu tun, die Lösungen neu
gestaltet.«[204]

Finanzierung einer Friedenskommission

Entscheidend ist, dass die Finanzierung einer Friedenskommission von Anfang an feststeht.[205] Diese sollte von Russland
und der Ukraine finanziert werden, weil davon ausgegangen
werden kann, dass diese Kommission, sollte sie tatsächlich
in der hier vorgeschlagenen Form etabliert werden, zu einem
friedlichen Nebeneinander beider Länder beitragen wird. Es
ist zu überlegen, Russland mehr einzahlen zu lassen, weil
es die russische Armee war, die völkerrechtswidrig in die
Ukraine einmarschiert ist, was überhaupt erst dazu geführt
hat, dass Menschenrechtsverletzungen dieses Ausmaßes geschehen konnten. Jedenfalls sollte Russland das Gehalt der

russischen Staatsangehörigen, die für die Kommission arbeiten werden, übernehmen und die Ukraine das Gehalt der ukrainischen Staatsangehörigen. Um den Eindruck zu vermeiden, dass die Regierungen ihre fortgesetzte finanzielle Unterstützung als Druckmittel zur Beeinflussung der Arbeit der Kommission einsetzen,[206] sollte die Finanzierung für einen Zeitraum von 36 Monaten nicht nur feststehen, vielmehr sollten die Gelder umgehend, sobald die Friedenskommission ihre Arbeit aufnimmt, auf einem separaten Konto eingezahlt sein. Die Heimatländer der internationalen Mitarbeiter sollten das Gehalt ihrer Staatsangehörigen übernehmen. Das Gehalt des Präsidenten der Kommission sollte von einer unabhängigen Einrichtung, eventuell seinem Heimatland oder gar den Vereinten Nationen, bezahlt werden.

Die Kosten für das oder die Büro(s) inklusive Material und Personal auf russischem Territorium sollten von Russland, die Kosten für das oder die Büro(s) inklusive Material und Personal auf ukrainischem Territorium sollten von der Ukraine übernommen werden. Sollte, wie hier vorgeschlagen, das Hauptbüro in einem anderen europäischen Land seinen Sitz haben, wäre daran zu denken, dass das Gastland die Kosten für das Büro sowie das Material und Personal vor Ort übernimmt.

Die Wahrheitskommission in Guatemala hat unnötig viel Zeit damit verloren, dass sie selbst die Finanzierung sicherstellen musste. Das gilt es unbedingt zu vermeiden.[207]

Vermeidung sekundärer Traumatisierung des Personals einer Friedenskommission

Sehr wichtig scheint zu sein, psychologischen Beistand für das Personal der Friedenskommission, insbesondere derjenigen, die die Opferbefragungen durchführen, derjenigen, die diese Informationen später ins System eingeben, und für die Übersetzer vorzuhalten. Die südafrikanische Wahrheitskommission hatte vier Psychologen eingestellt. Der Hauptpsychologe der südafrikanischen Wahrheitskommission, *Thulani Grenville-Grey*, weist darauf hin, dass die Mitarbeiter der Wahrheitskommission den Schmerz wie ein Schwamm aufgesogen haben und oft selbst mit Symptomen einer Posttraumatischen-Belastungsstörung reagiert haben. Daher sollten regelmäßige Treffen unter Leitung eines Psychologen oder Mediators für das Personal der Friedenskommission angeboten werden.[208]

Mögliche Übertragbarkeit des Modells der südafrikanischen Wahrheitskommission auf den Ukraine-Konflikt?

Eine große Schwierigkeit, das Modell der südafrikanischen Wahrheitskommission und die Möglichkeit mediierter Begegnungen auf den Ukraine-Konflikt zu übertragen, liegt allerdings darin, dass der Ukraine-Konflikt zwei unabhängige Staaten betrifft. Die Wahrheitskommission in Südafrika dagegen betraf einen innerstaatlichen Konflikt und wurde durch ein Parlamentsgesetz (TRC-Gesetz) 1995 eingesetzt, um nach dem Ende dieses Konflikts die währenddessen begangenen Menschenrechtsverletzungen aufzuarbeiten.

Da es sich jedoch immer um einen Konflikt zwischen Menschen handelt, dürfte dieser Unterschied nicht sehr ins Gewicht fallen. Ebenso wie bei Strafverfahren vor nationalen oder internationalen Gerichten geht es darum, dass Verantwortung für eine Straftat übernommen wird – unabhängig von der jeweiligen Nationalität. Weder aufseiten der Täter noch aufseiten der Opfer. Sobald die Friedenskommission rechtlich etabliert ist, muss sie unabhängig von staatlicher Beeinflussung handeln können, wie im Falle der südafrikanischen Wahrheitskommission. Es darf für die Vorgehensweise der Anhörungen keinen Unterschied machen, welche Nationalität die Opfer bzw. die Täter aufweisen. Wegen der Besonderheit, dass es hier um zwei unabhängige Staaten geht, sollten der Präsident und der Vorsitzende des jeweiligen Komitees weder die russische noch die ukrainische Nationalität besitzen noch in den letzten 20 Jahren in einem der beiden Länder gelebt haben.

Vereinbarung über die Einsetzung einer Friedenskommission schon während Friedensgesprächen vorzugswürdig

Sobald Friedensgespräche beginnen, muss thematisiert werden, wie mit den begangenen Menschenrechtsverletzungen beider Seiten umgegangen werden soll. Um eine Generalamnestie zu vermeiden, müssten sich Russland und die Ukraine am besten bereits zu einem möglichst frühen Zeitpunkt auf die Einsetzung einer solchen Friedenskommission einigen. Eckpunkte müssten dann schon im Friedensvertrag geklärt werden, etwa wer den Vorsitz einer solchen Friedenskommission übernimmt, wer die Kommissionsmitglieder sein sollen, wo die Büros ihren Sitz haben, welche Straftaten und welcher zeitliche Rahmen erfasst sein sollen.

Es könnte ein großer Anreiz für beide Seiten sein, sich auf einen Friedensvertrag zu einigen, wenn durch die Etablierung einer Friedenskommission sichergestellt wird, dass den (Haupt-)Verantwortlichen von Menschenrechtsverletzungen eine Amnestie im Gegenzug zu öffentlicher Verantwortungsübernahme, Wiedergutmachungszahlungen und Ämterverzicht in Aussicht gestellt werden könnte. Es ist davon auszugehen, dass auch hier ein Kompromiss gefunden werden muss. Beide Länder dürften ein großes Interesse an einer Amnestierung ihrer Landsleute sowie einer Bestrafung der Soldaten der gegnerischen Seite haben. Um zu einer individuellen Amnestie und so zu einer Verantwortungsübernahme zu gelangen, muss ein Antragsverfahren etabliert werden, das dem Amnestieantragsverfahren der südafrikanischen Wahrheitskommission entlehnt werden könnte (s. o.).

Schließlich sollten auch die Voraussetzungen für die Gewährung von Amnestien schon im Friedensvertrag festgelegt werden, insbesondere das Datum, an dem das Mandat einer Friedenskommission beginnen soll. Dies sollte der 20. Februar 2014 sein. Aus den Anhörungen zu den Geschehnissen seit dem 20. Februar 2014 etwa dürften wichtige Erkenntnisse gewonnen werden können, wie es überhaupt zu den kriegerischen Auseinandersetzungen ab dem 24. Februar 2022 gekommen ist und wie sie möglicherweise hätten vermieden werden können.

Wiedergutmachungsleistungen durch eine separate Institution

Schon die Vereinten Nationen haben in der Resolution 60/147 vom 15. Dezember 2005 unter IX Nummer 15 festgehalten, eine »*angemessene, wirksame und unverzügliche Wiedergutmachung soll die Gerechtigkeit fördern, indem sie grobe Verstöße gegen die internationalen Menschenrechtsnormen oder schwere Verstöße gegen das humanitäre Völkerrecht wiedergutmacht*«.[209]
Anders als die südafrikanische Wahrheitskommission sollte die Kommission selbst keine Vorschläge für eine Wie-

dergutmachungszahlung machen können. Es hat sich gezeigt, wie wichtig es ist, dass die Entscheidungsgewalt über die Art und Höhe sowie der Zeitpunkt der Auszahlung einer Wiedergutmachung nicht einer Regierung (etwa auf Empfehlung einer Wahrheitskommission) überlassen bleiben darf und dass es dafür eines engen zeitlichen Rahmens bedarf. *Priscilla Hayner* weist darauf hin, dass von Wahrheitskommissionen immer nur dann wichtige Entschädigungsprogramme entwickelt worden waren, wenn der politische Wille von Anfang an darauf angelegt war, wie in Marokko und Chile, nicht dagegen in Südafrika.[210]

Daher sollte in diesem Fall eine eigenständige Einrichtung, etwa ein sogenannter internationaler Opferfonds *(peoples fund)*, geschaffen werden. Diese Einrichtung sollte noch vor Einsetzung der Friedenskommission ihre Arbeit aufnehmen und international Spenden einsammeln. An den Spenden für diese Einrichtung sollten sich Russland und die Ukraine beteiligen, aber insbesondere sollten die Firmen, die vom Verkauf von Kriegsgerät oder vom Wiederaufbau profitieren, in diesen Opferfonds einzahlen. Die Mitarbeiter dieses Opferfonds sollten dann später Akteneinsicht in Opferanhörungsbögen wie Amnestieanträge erhalten und an den Anhörungen teilnehmen und Fragen stellen können. Idealerweise lägen die Büros des Hauptsitzes der Friedenskommission und des Opferfonds in einem Gebäude, um die Kommunikation zwischen beiden Institutionen zu erleichtern. Auch sollte diese Einrichtung möglichst eng mit dem Internationalen Strafgerichtshof in Den Haag und sonstigen nationalen oder internationalen Ermittlungsstellen zusammenarbeiten.

Entschädigungszahlungen dürften für den friedensstiftenden Prozess einer solchen Friedenskommission von großer Bedeutung sein. *Desmond Tutu* weist in seinem Buch *Keine*

Zukunft ohne Versöhnung darauf hin, dass kein Verlust eines Menschen in Geld aufgewogen werden könne. Er spricht von Wiedergutmachungszahlungen als »einer Salbe«, die den Wunden bei der Heilung helfen soll. Er bedauert, dass die Kommission dem Präsidenten lediglich Empfehlungen bezüglich Entschädigungszahlungen geben konnte und sich der Prozess noch einige Jahre hingezogen habe, bis überhaupt Geld an die Opfer ausgezahlt worden sei. [211]

Eventuell sollten vor Beginn der Arbeit der Friedenskommission, also unabhängig von deren Arbeit, Grundsätze bestimmt werden, wer für welche Taten welche Entschädigung erhalten sollte. Eine Orientierung könnten Entschädigungszahlungen anderer Wahrheitskommissionen bieten. Die Höhe der Auszahlungen wird am Ende realistischerweise von dem vorhandenen Budget abhängen.

Gleichzeitig ist sehr wichtig, den Opfern das Gefühl zu vermitteln, dass der Verlust eines geliebten Menschen oder das Erdulden von beispielsweise Folter, Körperverletzung, Vergewaltigung nicht mit Geld aufgewogen werden kann. In Kanada hat dies zu großer Irritation geführt. Viele Opfer fühlten sich auf eine Summe Geld reduziert, je nachdem, was sie erlitten hatten. [212]

Von der kanadischen Wahrheitskommission kann gelernt werden, dass Entschädigungen in Geld auch dazu führen können, dass von den Opfern wieder Drogen gekauft und konsumiert werden (können). Um dem entgegenzuwirken, sollte erwogen werden, etwa vor einer öffentlichen Anhörung ein vier- bis sechsmonatiges Therapieprogramm anzubieten, durchgeführt von vertrauenswürdigen Therapeuten und in Räumen, in denen Opfer sich sicher fühlen. Erst nachdem ein Therapieprogramm durchgeführt worden ist, sollten Opfer die Möglichkeit erhalten, öffentlich auszusagen. [213]

Als Beispiel für gelungene Entschädigungszahlungen sei hier dagegen Chile angeführt. Dort erhielten Angehörige von Todesopfern und Verschwundenen lebenslang monatlich eine Zahlung von umgerechnet zwischen circa 345 und 480 Euro sowie freie gesundheitliche Versorgung und die Übernahme der Ausbildungskosten von Kindern der Ermordeten bzw. Verschwundenen bis zu einem Alter von 35 Jahren. Von dieser Regelung waren nur circa knapp 4 900 Angehörige erfasst. Pro Jahr zahlte der Staat an die 16 Millionen Dollar. Darüber hinaus konnten Folteropfer eine unentgeltliche medizinische und psychologische Betreuung bekommen. Von diesem Angebot wurde allerdings kaum Gebrauch gemacht, meist weil es nicht bekannt war.[214]

In Argentinien erhielten Familienangehörige von Verschwundenen und Ermordeten eine einmalige Entschädigungssumme von 220 000 US-Dollar. Ihre Kinder erhielten außerdem eine monatliche Rente von 140 US-Dollar bis zum 21. Lebensjahr. Finanzielle Entschädigung gab es in Argentinien auch für politische Gefangene und Exilanten.[215]

Voraussetzungen für die Qualifikation von Entschädigungszahlungen

Es müsste sichergestellt sein, dass auch tatsächlich eine Opferwerdung stattgefunden hat. Daher sollte innerhalb der Kommission ein Ermittlungsteam, bestehend aus internationalen Staatsanwälten und Polizeibeamten, unmittelbar nach jeder schriftlichen Opferanhörung überprüfen, inwieweit von einer Viktimisierung im Einzelfall tatsächlich ausgegangen werden kann. Hier wäre eine enge Zusammenarbeit mit den Ermittlungseinheiten des Internationalen Strafgerichtshofes wünschenswert. Das Ergebnis müsste auch dem Opferfonds mitgeteilt werden.

Dabei sollte Opfern im Gegensatz zu Amnestieantragstellern grundsätzlich ein Wahrheitsbonus zukommen, da für sie sehr wichtig ist, nicht infrage gestellt zu werden. Andererseits ist es wichtig, einem möglichen Missbrauch vorzubeugen, wenn ein anerkannter Opferstatus Entschädigungszahlungen auslöst. Es ist davon auszugehen, dass es in Südafrika so gut wie nie zu falschen Aussagen gekommen ist, nur um eine Entschädigung zu erhalten.[216] Ähnliches scheint auch für Argentinien zu gelten. *Prescilla Hayner* weist darauf hin, dass zur Zeit der Arbeit der Kommission keiner mit einer finanziellen Entschädigung gerechnet hat und insoweit davon auszugehen ist, dass keine falschen Aussagen gemacht wurden, nur um in den Genuss dieser Zahlungen zu kommen.[217] Ob das für den Ukraine-Konflikt auch der Fall sein wird, wird sich zeigen.

Entschädigungszahlungen in zwei Etappen?

Jedes Opfer, das vor der Kommission ausgesagt hat, sollte umgehend nach der Aussage und der Überprüfung des Opferstatus eine Grundentschädigung beziehungsweise Soforthilfe vom Opferfonds erhalten, die dem erlittenen Unrecht angemessen ist. Es müsste eine Frist bestimmt werden, innerhalb derer jedem Opfer nach schriftlicher Aussage solch ein Grundentschädigungsanspruch zusteht. Die Frist müsste aber so bemessen werden, dass die Ermittlungsteams aber ausreichend Zeit haben, den Opferstatus zu verifizieren.

Hat der Amnestieausschuss später eine Amnestie für einen bestimmten Fall gewährt oder abgelehnt, sollte eine weitere Entschädigungsleistung geprüft werden. Diese sollte sich aus Zahlungen des Amnestierten, aber auch aus weiteren Zahlungen des Opferfonds zusammensetzen, insbesondere wenn der Amnestierte mittellos ist. Dem Beispiel Chiles folgend könnten hier monatliche Zahlungen geleistet werden, vergleichbar mit einer Rente oder aber für die Ausbildung von Kindern von Ermordeten bzw. gefallenen Soldaten oder für die Übernahme von Kosten für gesundheitliche Folgeschäden.

Helfen Entschädigungszahlungen dabei, Amnestien für schwere Menschenrechtsverletzungen zu akzeptieren?

James Gibson untersucht in einer Studie in den Jahren 2000/2001, wie die Bevölkerung von Südafrika die Amnestierung für schwere Menschenrechtsverletzungen nach dem TRC-Gesetz bewertet hat, und kommt nach 3727 Interviews zu folgendem Ergebnis: Werden neben finanzieller Wiedergutmachung auch andere Formen von Wiedergutmachung *(other forms of justice)* angeboten, scheine eine größere Akzeptanz der Amnestieregelungen in der Bevölkerung zu bestehen. Wobei er unter *justice*, was hier mit Wiedergutmachung im Sinne ausgleichender Gerechtigkeit übersetzt wird, neben finanzieller Entschädigung eine ernsthafte Entschuldigung der Tatverantwortlichen und die Möglichkeit für Opfer, über Menschenrechtsverletzungen zu sprechen, zählt. Eine finanzielle Entschädigung bleibe seiner Ansicht nach dabei jedoch die wichtigste Alternative.[218] Diese Erkenntnis sollte unbedingt bei der Etablierung einer Friedenskommission oder von anderen Wahrheitskommissionen berücksichtigt werden.

Empfehlungen einer Friedenskommission für den Ukraine-Konflikt

Die meisten Wahrheitskommissionen konnten am Ende ihrer Mandatszeit neben Entschädigungsempfehlungen auch weitere Empfehlungen aussprechen, die die Regierungen nach Gutdünken umsetzen konnten oder auch nicht. Lediglich in Chile wurden insbesondere die Empfehlungen der Wahrheitskommission zu Entschädigungszahlungen vollumfänglich umgesetzt.[219] So hat etwa die kanadische Wahrheitskommission 94 »*calls to action*« (Empfehlungen) vorgelegt.[220] Davon sind Jahre später nur sehr wenige umgesetzt worden.[221] Es darf in dessen nicht von der Bereitwilligkeit einer Regierung abhängen, ob solche Empfehlungen umgesetzt werden oder nicht.

Ausblick

Was es für ein friedliches Miteinander nach schweren Menschenrechtsverletzungen braucht, ist Zivilcourage auf allen Seiten.[222] *Albin Eser* und *Jörg Arnold* weisen weiter darauf hin, es brauche Tatverantwortliche, die Verantwortung übernehmen, und Opfer, »*die die Kraft aufbringen, eine mit der Bitte um Verzeihung ausgestreckte Hand zur Versöhnung zu ergreifen*«.[223] Ohne ein Bemühen um einen auf Wahrheit gegründeten gerechten Ausgleich dürfte ein friedliches Miteinander nach derart schweren Menschenrechtsverletzungen nicht zu erreichen sein.[224]

Vor dem Hintergrund der friedenstiftenden Wirkung würdevoller Opferanhörungen und Verantwortungsübernahme von Tatverantwortlichen im Rahmen von Amnestieanhörungen vor Wahrheitskommissionen sollte bei der Konfliktaufarbeitung daher weltweit eine internationale Friedenskommission vor Ort nationalen oder internationalen Gerichtsverfahren vor- und/oder nachgeschaltet werden.[225] Dabei sind kulturpsychologische Aspekte von außerordentlicher Bedeutung, insbesondere vor dem Hintergrund, dass nationale Wahrheitskommissionen stark von der Politik der Zivilgesellschaft geprägt werden.

Es ist davon auszugehen, dass es eher zu lang anhaltendem Frieden führen kann, wenn Menschen zunächst dazu angehalten werden – mit der Aussicht auf eine individuelle Amnestie –, außerhalb eines Strafverfahrens die Verantwortung zu übernehmen, als wenn ein Gericht, erst recht ein fremdes Gericht in der Ferne, Verurteilungen ausspricht und so Verantwortung zuweist.[226]

Wichtig für eine Aufarbeitung des Geschehenen ist die öffentliche, mediale Begleitung der Anhörungen, wie dies in Südafrika geschehen ist, wo jede Opferanhörung und Amnestieanhörung (mit sehr wenigen Ausnahmen) öffentlich stattfand und eine Zusammenfassung der wichtigsten Ereignisse des Tages in den Abendnachrichten ausgestrahlt wurde und in täglichen Radioberichten zu hören war.[227]

Die Übertragung des Eichmann-Prozesses in Jerusalem 1961 in Radio und Fernsehen weltweit, insbesondere der Zeugenaussagen, dürfte in besonderer Weise zur Aufarbeitung des Holocaust beigetragen haben. Der israelische Historiker *Tom Segev* ist sogar der Ansicht, dass dieser Prozess für die Israelis eine therapeutische Wirkung hatte und erst eine institutionalisierte, kollektive Aufarbeitung der NS-Verbrechen ermöglichte.[228]

Vor dem Hintergrund dieser Erkenntnisse muss eine breite mediale Präsenz bei den Anhörungen einer Friedenskommission gewährleistet werden, die der Welt ermöglicht, von dem, was tatsächlich geschehen ist, aus erster Hand und möglichst bald nach den Geschehnissen zu erfahren.[229]

Durch die Etablierung einer Friedenskommission in diesem Sinne könnte der berühmte Ausspruch des Rechtsphilosophen und Reichsjustizministers der Weimarer Republik *Gustav Radbruch*: »*nicht ein besseres Strafrecht, sondern etwas, was besser ist als Strafrecht*«[230] sei anzustreben, mit Leben gefüllt werden. Und so könnte eine Annäherung an den großen, unfassbaren Begriff der Gerechtigkeit erreicht werden, von dem der große Staats- und Völkerrechtler *Hans Kelsen* am Ende eines Vortrages über das Thema »Was ist Gerechtigkeit?« auf die Frage eines Studenten zugeben musste: »*Was Gerechtigkeit ist, mein lieber junger Freund, das kann ich Ihnen auch nicht sagen.*«[231]

Zusammenfassend lässt sich mit *Desmond Tutu* feststellen, das zentrale Anliegen des Umgangs auch mit Systemunrecht »*ist nicht Vergeltung oder Bestrafung, sondern ganz im Sinne von Ubuntu*[232] *die Heilung von Brüchen, der Ausgleich von Ungleichgewichten und die Wiederherstellung zerbrochener Beziehungen*«.[233] Das gilt auch, vielleicht sogar umso mehr, nach kriegerischen Auseinandersetzungen, wenn das Ziel sein soll, ein langfristiges, friedliches Miteinander zu ermöglichen.

Ganz im Sinne eines alten Xhosa-Sprichwortes »*Kude eBakuba, akuyiwanga mntu*«, das besagt:

»Die perfekte Stadt« oder auch »Utopia« »liegt in weiter Ferne«. Niemand ist je dort gewesen. Aber das bedeutet nicht, dass diese Stadt nicht existiert oder in Zukunft existieren könnte. Vielleicht bedarf es großer Anstrengungen und Mühen, dort hinzugelangen, aber es lohnt sich, auf die große Vision von Frieden hinzuarbeiten.[234]

Epilog von Albie Sachs[235]

Persönliche Reflexionen zur südafrikanischen Wahrheits- und Versöhnungskommission und ihrer Übertragbarkeit auf andere Länder

Einleitung

Ich sitze im Verfassungsgericht in Johannesburg in meinem Büro. Das Telefon klingelt, und eine Stimme sagt: »Hier ist die Wachtmeisterei. Ein Mann namens Henri sagt, er habe einen Termin mit Ihnen.« Ich sagte, sie sollen ihn durchlassen. Und als ich den Korridor zum Gerichtseingang hinuntergehe, macht mein Herz bumm, bumm, bumm.

Henri hatte mich eine Woche zuvor angerufen, um mir mitzuteilen, dass er der Sicherheitsbeamte sei, der organisiert hatte, dass eine Bombe in meinem Auto platziert wurde, als ich in den 8oer-Jahren in Mosambik im Exil war.

Die Explosion kostete mich meinen rechten Arm und das Augenlicht meines linken Auges. Er wollte nun vor der Wahrheitskommission dazu aussagen. Er hatte mich gefragt, ob ich bereit sei, vorher mit ihm zu sprechen, und ich hatte mich dazu bereit erklärt.

Ich öffne die Tür und sehe diesen Mann; er ist groß und schlank wie ich. Ein bisschen jünger. Er schaut mich an, und ich schaue ihn an. Und ich sehe in seinen Augen, wie er denkt: »Das ist also der Mann, den ich zu töten versucht habe«, und er sieht in mei-

nen Augen wie ich denke: »Das ist also der Mann, der versucht hat, mich zu töten.«

Wir waren uns vorher nie begegnet, wir hatten uns nie über Liebe, Geld, Macht, Leidenschaft oder Ähnliches gestritten. Aber er war auf der einen Seite, und ich auf der anderen. Und er hatte versucht, mich zu töten, und jetzt wollte er vor der Wahrheitskommission aussagen. Auf dem Weg zu meinem Büro schreitet er wie ein Soldat, und ich tue mein Bestes, um mit meinem Gang eines Richters seinen soldatischen Schritt etwas auszubremsen.

Als wir in meinem Büro ankommen, reden wir viel. Schließlich sage ich: »Henri, ich muss mit meiner Arbeit weitermachen«. Ich stehe auf und sage weiter: »Normalerweise, wenn ich mich von jemandem verabschiede, schüttle ich ihm die Hand. Ihre Hand kann ich nicht schütteln. Aber gehen Sie zur Wahrheitskommission. Erzählen Sie vor der Kommission, was Sie wissen, und vielleicht werden wir uns eines Tages wiedersehen.« Und als wir zum Eingang zurückgehen, bemerke ich, dass er vor sich hin schlurft und nicht mehr in dem festen soldatischen Schritt stolziert wie noch auf dem Weg zu meinem Büro. Sodann verlässt er das Gerichtsgebäude.

Können wir sagen, dass die Wahrheitskommission die Versöhnung in Südafrika herbeigeführt hat? Ja und nein. Ja, sie hat Hindernisse beseitigt. Wir fangen an, im gleichen Land zu leben. Die Einführung des allgemeinen Wahlrechts war ein fantastischer Bestandteil und ein Symbol für eine gemeinsame Staatsbürgerschaft. Aber es ist mehr nötig als das. Wir müssen das Gefühl haben, dass das Land uns allen gehört und dass wir alle zu demselben Land gehören.

Wir müssen das Gefühl haben, dass das Land uns allen gehört und dass wir alle zu demselben Land gehören, wo der Schmerz des einen der Schmerz aller ist, wo Ungerechtigkeit als Ungerechtigkeit, Rassismus als Rassismus und Grausamkeit als Grausamkeit anerkannt wird. Das ist wichtig. Denn wenn man mit unterdrücktem Groll im Herzen lebt, kann man nicht anfangen, Gesetze zu verabschieden, die auf einer umfassenden Transformation basieren. Alles, was dann gemacht wird, wird von Ihrer Wut geprägt sein. Egal auf welcher Seite man steht, man kann nicht objektiv sein und man kann vor allem keine landesweite Vision haben. In diesem Sinne hat der Prozess der Wahrheitskommission dazu beigetragen, große Hindernisse für die Entwicklung einer landesweiten, von allen getragenen Vision zu beseitigen.

Die Auseinandersetzung mit unserer Geschichte war äußerst wichtig, und wir hatten als Nation den Mut und die Kraft, dies zu tun. Es ist kein Zeichen von Schwäche, eine Wahrheitskommission zu etablieren. Im Gegenteil, es ist ein Zeichen von Stärke. Es ist ein Zeichen großer moralischer Stärke, dass wir in der Lage waren, unfassbare Dinge, die wir getan haben, zu untersuchen, zu erforschen und aufzuarbeiten. Auch dass wir als Land anerkennen konnten, dass wir auf allen Seiten in unterschiedlichem Maße dafür verantwortlich gewesen sind.

In diesem Sinne hat sie also eine große Rolle dabei gespielt, dass der Versöhnungsprozess vorankommen konnte. Und doch: Am Ende der Anhörungen gingen die Menschen, die am meisten gelitten hatten, in ihre Häuser, oft Hütten, zurück. Und die Sicherheitsbeamten, die die meisten Folterungen durchgeführt hatten, sprangen anschließend in ihre Toyotas und fuhren nach Hause, in meist schöne, stattliche Häuser. Sicherlich war es ihnen nicht leichtgefallen, vor die Kommission zu treten und öffentlich, später im Fernsehen zu sehen, zuzugeben, was sie getan hatten. Es gibt in unserem Land aber immer noch eine massive, auf Rasse beruhende Ungleichheit, die widerspiegelt, wer in der Vergangenheit begünstigt und wer benachteiligt wurde. Solange wir diese Ungleichheiten nicht wirklich überwunden haben, ist wahre Versöhnung nicht möglich.

Was sind meiner Meinung nach nun die Bestandteile unserer Wahrheitskommission, die sich auch auf andere Länder übertragen lassen? Das erste Element besteht darin, dass keine Konfliktpartei automatisch davon ausgehen können sollte, unbeteiligt oder gar schuldlos zu sein. Der Prozess muss alle Beteiligten einbeziehen. Ich habe, als vor vielen Jahren von NGOs eine Wahrheitskommission für das ehemalige Jugoslawien vorgeschlagen wurde, darauf hingewiesen, dass es sinnlos wäre, nur die Verbrechen einer Seite, also nur der Serben oder nur der Kroaten oder gar nur der Muslime zu untersuchen. Vielmehr müsse die Wahrheitsfindung die Verbrechen aller einschließen.

Das zweite Element betrifft den öffentlichen Charakter des Verfahrens vor der Wahrheitskommission. Vertreter von wichtigen NGOs hatten gefordert, wenn schon eine Wahrheitskommission eingesetzt werde, dann sollten wenigstens die Anhörungen vor der Wahrheitskommission öffentlich stattfinden. Denn eigentlich wollten sie gar keine Wahrheitskommission, sondern hatten gefordert, dass die Verantwortlichen zur Rechenschaft gezogen werden und Gefängnisstrafen absitzen sollten.

Ich hatte mich selbst zunächst gegen öffentliche Anhörungen ausgesprochen. In Anlehnung an die chilenischen Erfahrungen hatte ich argumentiert, dass die Zeugenaussagen hinter verschlossenen Türen stattfinden sollten, da ich befürchtete, man werde sonst niemals die Wahrheit erfahren und die Folterer, Mörder und Attentäter würden sonst nicht dazu gebracht werden können, freiwillig Amnestie zu beantragen. Glücklicherweise wurde Albie Sachs[236] am Ende überstimmt. Dass die Anhörungen öffentlich stattfanden, erwies sich letztlich als ein Segen.

Denn am Ende ihrer Mandatszeit veröffentlichte die Wahrheitskommission zwar einen schönen Bericht, der es wert ist, gelesen zu werden. Er ist gut geschrieben, er ist lebendig – nicht nur ein langweiliger technokratischer Bericht. Aber leider liest ihn niemand. Dagegen erinnert sich jeder von uns noch an den weinenden Feldwebel *Benzien*, nachdem er beschrieben hatte, wie er Menschen mit nassen Säcken gefoltert hat. Oder wir erinnern uns an ähnlich starke Momente wie diesen, wenn nach einer Anhörung die wesentlichen Aussagen im Fernsehen übertragen wurden. Es war wichtig, dass sie in die Knie gegangen sind und zugegeben haben, was für schreckliche Dinge sie getan hatten. Diese Momente sind es, an die wir uns immer erinnern werden: die Sicherheitsbeamten, die mit ihren kleinen Schnurrbärten vor die Kommission traten und immer in Anzügen aussagten; wie sie ihre Aussage steif und förmlich, ja fast schon roboterhaft vortrugen, fast so, als ob sie vor Gericht aussagen müssten. Manchmal wünschte ich mir, sie wären entspannter und offener, herzlicher und menschlicher gewesen. Es war wie ein großes Drama, so wie es war, was sich da vor unserer aller Augen abspielte. Und all diese Bilder bleiben unvergesslich.

Ein drittes wesentliches Element unserer Wahrheitskommission, auf das zu achten wäre, ist, die Führung gut auszusuchen. Es war wichtig, dass die Wahrheitskommission von Menschen von dem Kaliber eines Erzbischofs wie *Desmond Tutu* geleitet wurde, unterstützt von *Alex Boraine*, seinem Vize, auch er ein Pastor. Das Team der Kommissionsmitglieder war breit gefächert. Es schloss zwar prominente politische Aktivisten aus, umfasste aber Personen aus vielen unterschiedlichen Glaubensgemeinschaften ebenso wie Menschen, die keiner Glaubensrichtung angehörten. Das Parlament hat bei der Auswahl sehr gute Arbeit geleistet. Wie *Desmond Tutu* sagen würde, waren die Kommissare nicht neutral – wie soll man neutral sein, wenn es um Folter geht? Aber man kann unparteiisch sein in der Art und Weise, wie man zuhört. Die Vielfalt der Charaktere der Kommissare hat einen entscheidenden Beitrag für ihren Erfolg geleistet. Die Glaubwürdigkeit jeder Wahrheitskommission hängt demnach nicht nur von ihrem Auftrag ab, sondern auch von der Sorgfalt, mit der ihre Mitglieder ausgewählt werden, von ihrer Integrität und Weisheit und von der unparteiischen Arbeitsweise.

Und das letzte und vielleicht wichtigste Element unserer Wahrheitskommission war, dass von ihr nicht erwartet wurde, isoliert von anderen Transformationsprozessen in unserem Land zu funktionieren und die gesamte Last unserer Geschichte zu tragen. Ohne den politischen Wandel in Südafrika, und damit meine ich: die Einführung des allgemeinen Wahlrechts, die Neugestaltung unserer Vorstellung von einem Parlament und eine völlig neue Verfassungsordnung, hätte unsere Wahrheitskommission fast nichts erreichen können. Das Besondere war, dass unsere Wahrheitskommission Teil eines umfassenderen Prozesses war, der sich den grundlegenden Problemen stellte, die überhaupt erst zu dem Konflikt geführt hatten.

Coda

Es ist das Ende des Jahres, ein heißer Tag wie heute hier in Colombo, und ich bin müde. Eine Freundin überredet mich, mit ihr auf eine Party zu gehen. Die Band spielt laut. Es gibt eine große Menschenmenge. Und plötzlich höre ich eine Stimme, die meinen Namen ruft. Wow, es ist Henri! Ich habe ihn seit fast einem Jahr nicht mehr gesehen. Er strahlt, als er auf mich zukommt; freut sich, mich zu sehen. Wir gehen in eine Ecke, um uns ungestört von der

Musik unterhalten zu können. Aufgeregt erzählt er mir: »Ich war vor der Wahrheitskommission und habe mit Bobby (es war Bobby Singh) und Sue (es war Sue Rabkin) und Farouk (es war Farouk Mahomed) gesprochen und ihnen alles gesagt, was ich weiß.« Wir verabschieden uns. Dieses Mal gebe ich ihm die Hand. Er verlässt strahlend die Party – und ich werde fast ohnmächtig.

Später erfuhr ich, dass er zu der von Filmleuten veranstalteten Party eingeladen worden war, nachdem er als einer der wenigen Soldaten, der vor der Wahrheitskommission ausgesagt hatte, interviewt worden war. Er hatte sich auf der Party prächtig amüsiert. Nach unserem Gespräch ging Henri umgehend nach Hause und weinte zwei Wochen lang. Das hat mich sehr bewegt.

Henri ist nicht mein Freund. Ich werde ihn nicht anrufen und sagen, lass uns etwas trinken oder zusammen ins Kino gehen. Aber wenn ich in einem Bus sitze und Henri sich neben mich setzen würde, dann würde ich sagen: »Oh Henri, wie geht es dir?« Irgendwie hat dieser ganze Prozess dazu geführt, dass wir zusammen im selben Land leben können. Wir können uns gegenseitig anerkennen und eine Art von Verbindung spüren. Und so habe ich das Gefühl, dass die Wahrheitskommission mich von der mysteriösen Vorstellung eines Feindes, der versucht hat, mich zu töten, befreit hat. Und jetzt ist es dieser Typ, Henri, der im neuen Südafrika um sein Leben kämpft. Und irgendwie fühle ich mich dank der Wahrheitskommission ein bisschen stärker, ein bisschen besser und menschlicher, als ich es vorher war.

Postskriptum

Ich wünschte, ich könnte sagen, dass Wahrheitskommissionen automatisch Frieden und Versöhnung bringen, wann immer sie etabliert werden. Mein Vortrag wurde in Colombo auf dem Höhepunkt des Krieges zwischen der srilankischen

Regierung und den tamilischen Tigern gehalten. Tatsache ist, dass der Krieg mit der blutigen Dezimierung der Streitkräfte der tamilischen Tiger längst zu Ende gegangen ist. Eine Wahrheitskommission wurde aber nicht etabliert.

So gab es auch keine Wahrheitskommission in Nordirland. Zur Zeit des bewaffneten Konflikts zwischen den Sinn-Fein-Republikanern auf der einen und britischen Soldaten und probritischen Loyalisten auf der anderen Seite habe ich in Belfast häufig über unsere südafrikanische Wahrheits- und Versöhnungskommission [TRC] gesprochen. Das Karfreitagsabkommen, das einen relativen Frieden einleitete, sah jedoch keine Wahrheitskommission vor. Die Bloody-Sunday-Untersuchung unter der Leitung von Richter Saville kam nach jahrelanger Beweisaufnahme und Beratung zwar zu dem Schluss, dass die britischen Truppen ungerechtfertigt das Feuer auf unbewaffnete Demonstranten eröffnet hatten. Es wurde jedoch keine mit der südafrikanischen TRC vergleichbare Einrichtung geschaffen.

Anders verhielt es sich jedoch in Kolumbien, wo die FARC-Rebellen seit einem halben Jahrhundert mit der Regierung verhandeln. Sowohl die kolumbianische Regierung als auch die FARC-Rebellen zeigten großes Interesse an den südafrikanischen Erfahrungen mit der Entwicklung einer opferorientierten Justiz. Die Vertreter beider Konfliktparteien sprachen mit mir und anderen. Ich wurde vom kolumbianischen Verfassungsgericht im Rahmen einer Sonderkonferenz, die sich mit rechtlichen Fragen im Zusammenhang mit dem Friedensprozess des Landes befasste, eingeladen, über unsere TRC und eine opferorientierte Justiz zu sprechen. Meiner Meinung nach waren die kolumbianischen Friedensabkommen äußerst nuanciert und gut durchdacht. Sie dienen als Beispiel dafür, wie Themen wie *Restorative Justice* am besten in Programme zur sozialen und institutionellen Umgestaltung und

Wiedergutmachung integriert werden können. Eines ihrer bemerkenswertesten Merkmale ist ihr umfassender Charakter. Sie befassten sich mit Menschenrechtsverletzungen nicht nur durch die FARC-Rebellen, sondern auch durch die Armee des Landes und durch irreguläre Milizen unter privater Kontrolle. Aus den kolumbianischen Erfahrungen lässt sich viel lernen!

Im Falle des kriegerischen Konflikts zwischen Russland und der Ukraine halte ich es jedoch für verfrüht, der Wahrheitskommission in einem künftigen Friedensprozess eine Rolle zuweisen zu wollen. Dies wäre ein emotionaler Schock und würde das Pferd von hinten aufzäumen. Bei so viel Wut und Verlust von Leben und Eigentum muss es jetzt vor allem darum gehen, den Krieg zu beenden und Grundregeln auszuhandeln, wie diese zwei bedeutenden Länder mit starken historischen Bindungen wieder als gute Nachbarn nebeneinander leben können.

Das bedeutet jedoch nicht, dass dieses von Clivia von Dewitz vorgelegte Essay nicht von unschätzbarem Wert ist. Im Gegenteil, es liefert wichtige Informationen darüber, wie Wahrheitskommissionen unter anderen Umständen schon einmal funktioniert haben, was sich in naher oder ferner Zukunft noch als äußerst hilfreich erweisen könnte. Wenn die Zeit reif ist, können diese Vorüberlegungen dazu beitragen, einen Friedensprozess in Gang zu setzen, der Wahrheitsfindung und Verantwortungsübernahme der Täter einschließen und so zu *Restorative Justice* und damit letztendlich zu Versöhnung führen könnte. Solch ein Friedensprozess kann überall auf der Welt eine sehr heilsame Rolle spielen, nicht nur für Russland und die Ukraine.

Kapstadt im Januar 2024
Albie Sachs,
ehemaliger Richter am Verfassungsgericht Südafrikas

Anhang 1
TRC-Gesetzes-Auszüge

PROMOTION OF NATIONAL UNITY AND RECONCILIATION
ACT 34 OF 1995

To provide for the investigation and the establishment of as complete a picture as possible of the nature, causes and extent of gross violations of human rights committed during the period from 1 March 1960 to the cut-off date contemplated in the Constitution, within or outside the Republic, emanating from the conflicts of the past, and the fate or whereabouts of the victims of such violations; the granting of amnesty to persons who make full disclosure of all the relevant facts relating to acts associated with a political objective committed in the course of the conflicts of the past during the said period; affording victims an opportunity to relate the violations they suffered; the taking of measures aimed at the granting of reparation to, and the rehabilitation and the restoration of the human and civil dignity of, victims of violations of human rights; reporting to the Nation about such violations and victims; the making of recommendations aimed at the prevention of the commission of gross violations of human rights; and for the said purposes to provide for the establishment of a Truth and Reconciliation Commission, comprising a Committee on Human Rights Violations, a Committee on Amnesty and a Committee on Reparation and Rehabilitation; and to confer certain powers on, assign certain functions to and impose certain duties upon that Commission and those Committees; and to provide for matters connected therewith.

BE IT THEREFORE ENACTED by the Parliament of the Republic of South Africa, as follows:-

CHAPTER 1
INTERPRETATION AND APPLICATION (s 1)

1 Definitions
(1) In this Act, unless the context otherwise indicates-
'**act associated with a political objective**' has the meaning ascribed thereto in section 20 (2) and (3);
'**article**' includes any evidence, book, document, file, object, writing, recording or transcribed computer printout produced by any mechanical or electronic device or any device by means of which information is recorded, stored or transcribed;

'**Commission**' means the Truth and Reconciliation Commission established by section 2;
'**commissioner**' means a member of the Commission appointed in terms of section 7 (2) (a) ; '**committee**' means the Committee on Human Rights Violations, the Committee on Amnesty or the Committee on Reparation and Rehabilitation, as the case may be;

...

'**cut-off date**' means the latest date allowed as the cut-off date in terms of the Constitution as set out under the heading 'National Unity and Reconciliation';

...

'**gross violation of human rights**' means the violation of human rights through-

    (a) the killing, abduction, torture or severe ill-treatment of any person; or

    (b) any attempt, conspiracy, incitement, instigation, command or procurement to commit an act referred to in paragraph (a),

which emanated from conflicts of the past and which was committed during the period 1 March 1960 to the cut-off date within or outside the Republic, and the commission of which was carried out, advised, planned, directed, commanded or ordered, by any person acting with a political motive; *[Definition of 'gross violation of human rights' amended by s. 21 (a) of Act 104 of 1996.]*

...

'**reparation**' includes any form of compensation, ex gratia payment, restitution, rehabilitation or recognition;

...

'**security forces**' includes any full-time or part-time-

    (a) member or agent of the South African Defence Force, the South African Police, the National Intelligence Service, the Bureau of State Security, the Department of Correctional Services, or any of their organs;

    (b) member or agent of a defence force, police force, intelligence agency or prison service of any former state, or any of their organs;

...

'**victims**' includes-

    (a) persons who, individually or together with one or more persons, suffered harm in the form of physical or mental injury, emotional suffering, pecuniary loss or a substantial impairment of human rights-

        (i) as a result of a gross violation of human rights; or

        (ii) as a result of an act associated with a political objective for which amnestyhas been granted;

    (b) persons who, individually or together with one or more persons, suffered harm in the form of physical or mental injury, emotional suffering, pecuniary loss or a substantial impairment of human rights, as a result of such person intervening to assist persons contemplated in paragraph (a) who were in distress or to prevent victimization of such persons; and

(c) such relatives or dependants of victims as may be prescribed.

(2) For the purposes of sections 10 and 11 and Chapters 6 and 7 'Commission' shall be construed as including a reference to 'committee' or 'subcommittee', as the case may be, and 'Chairperson', 'Vice-Chairperson' or 'commissioner' shall be construed as including a reference to the chairperson, vice-chairperson or a member of a committee or subcommittee, as the case may be. *[Sub-s. (2) substituted by s. 15 of Act 104 of 1996.]*

CHAPTER 2
TRUTH AND RECONCILIATION COMMISSION (ss 2-11)

2 Establishment and seat of Truth and Reconciliation Commission

(1) There is hereby established a juristic person to be known as the Truth and Reconciliation Commission.

(2) The seat of the Commission shall be determined by the President.

3 Objectives of Commission

(1) The objectives of the Commission shall be to promote national unity and reconciliation in a spirit of understanding which transcends the conflicts and divisions of the past by-

   (a) establishing as complete a picture as possible of the causes, nature and extent of the gross violations of human rights which were committed during the period from 1 March 1960 to the cut-off date, including the antecedents, circumstances, factors and context of such violations, as well as the perspectives of the victims and the motives and perspectives of the persons responsible for the commission of the violations, by conducting investigations and holding hearings;

   (b) facilitating the granting of amnesty to persons who make full disclosure of all the relevant facts relating to acts associated with a political objective and comply with the requirements of this Act;

   (c) establishing and making known the fate or whereabouts of victims and by restoring the human and civil dignity of such victims by granting them an opportunity to relate their own accounts of the violations of which they are the victims, and by recommending reparation measures in respect of them;

   (d) compiling a report providing as comprehensive an account as possible of the activities and findings of the Commission contemplated in paragraphs (a) , (b) and (c), and which contains recommendations of measures to prevent the future violations of human rights.

(2) The provisions of subsection (1) shall not be interpreted as limiting the power of the Commission to investigate or make recommendations concerning any matter with a view to promoting or achieving national unity and reconciliation within the context of this Act.

(3) In order to achieve the objectives of the Commission-

   (a) the Committee on Human Rights Violations, as contemplated in

Chapter 3, shall deal, among other things, with matters pertaining to investigations of gross violations of human rights;

(b) the Committee on Amnesty, as contemplated in Chapter 4, shall deal with matters relating to amnesty;

(c) the Committee on Reparation and Rehabilitation, as contemplated in Chapter 5, shall deal with matters referred to it relating to reparations;

(d) the investigating unit referred to in section 5 (d) shall perform the investigations contemplated in section 28 (4) (a); and

(e) the subcommittees, referred to in section 5 (c), shall exercise, perform and carry out the powers, functions and duties conferred upon, assigned to or imposed upon them by the Commission.
[Para. (e) substituted by s. 2 (b) of Act 87 of 1995.]
[Date of commencement of s. 3: 10 April 1996.]

4 Functions of Commission

The functions of the Commission shall be to achieve its objectives, and to that end the Commission shall-

(a) facilitate, and where necessary initiate or coordinate, inquiries into-
   (i) gross violations of human rights, including violations which were part of a systematic pattern of abuse;
   (ii) the nature, causes and extent of gross violations of human rights, including the antecedents, circumstances, factors, context, motives and perspectives which led to such violations;
   (iii) the identity of all persons, authorities, institutions and organisations involved in such violations;
   (iv) the question whether such violations were the result of deliberate planning on the part of the State or a former state or any of their organs, or of any political organisation, liberation movement or other group or individual;

   and

(v) accountability, political or otherwise, for any such violation;
   [Date of commencement of para. (a): 10 April 1996.]

(b) facilitate, and initiate or coordinate, the gathering of information and the receiving of evidence from any person, including persons claiming to be victims of such violations or the representatives of such victims, which establish the identity of victims of violations, their fate or present whereabouts and the nature and extent of the harm suffered by such victims;
   [Date of commencement of para. (b): 10 April 1996.]

(c) facilitate and promote the granting of amnesty in respect of acts associated with political objectives, by receiving from persons desiring to make a full disclosure of all the relevant facts relating to such acts, applications for the granting of amnesty in respect of such acts, and transmitting such applications to the Committee on Amnesty for its decision, and by publishing decisions granting amnesty, in the Gazette;
   [Date of commencement of para. (c): 10 April 1996.]

(d) determine what articles have been destroyed by any person in order to conceal violations of human rights or acts associated with a political objective;

[Date of commencement of para. (d): 10 April 1996.]

(e) prepare a comprehensive report which sets out its activities and findings, based on factual and objective information and evidence collected or received by it or placed at its disposal;

[Date of commencement of para. (e): 10 April 1996.]

(...)

(h) make recommendations to the President with regard to the creation of institutions conducive to a stable and fair society and the institutional, administrative and legislative measures which should be taken or introduced in order to prevent the commission of violations of human rights.

[Date of commencement of para. (h): 10 April 1996.]

5 Powers of Commission

In order to achieve its objectives and to perform its functions the Commission shall have the power to-

(a) determine the seat, if any, of every committee;

(b) establish such offices as it may deem necessary for the performance of its functions;

(c) establish subcommittees to exercise, carry out or perform any of the powers, duties and functions assigned to them by the Commission;

(d) conduct any investigation or hold any hearing it may deem necessary and establish the investigating unit referred to in section 28;

(e) refer specific or general matters to, give guidance and instructions to, or review the decisions of, any committee, subcommittee or the investigating unit with regard to the exercise of its powers, the performance of its functions and the carrying out of its duties, the working procedures which should be followed and the divisions which should be set up by any committee in order to deal effectively with the work of the committee: Provided that no decision, or the process of arriving at such a decision, of the Committee on Amnesty regarding any application for amnesty shall be reviewed by the Commission;

[Para. (e) substituted by s. 4 (a) of Act 87 of 1995.]
[Date of commencement of para. (e): 10 April 1996.]

(f) direct any committee or subcommittee to make information which it has in its possession available to any other committee or subcommittee;

[Date of commencement of para. (f): 10 April 1996.]

(g) direct the submission of and receive reports or interim reports from any committee, subcommittee or investigating unit;

[Para. (g) substituted by s. 4 (b) of Act 87 of 1995.]
[Date of commencement of para. (g): 10 April 1996.]

(h) have the administrative and incidental work connected with the ex-

ercise of its powers, the execution of its duties or the performance of its functions carried out by persons-
(i) employed or appointed by it;
(ii) seconded to its service by any department of State at the request of the Commission;
[Sub-para. (ii) substituted by s. 35 (1) of Act 47 of 1997.]
(iii) appointed by it for the performance of specified tasks;
(i) in consultation with the Minister and through diplomatic channels, obtain permission from the relevant authority of a foreign country to receive evidence or gather information in or from that country;
[Para. (i) substituted by s. 4 (c) of Act 87 of 1995.]
[Date of commencement of para. (i): 10 April 1996.]
(j) enter into an agreement with any person, including any department of State, in terms of which the Commission will be authorized to make use of any of the facilities, equipment or personnel belonging to or under the control or in the employment of such person or department;
(k) recommend to the President that steps be taken to obtain an order declaring a person to be dead;
[Date of commencement of para. (k): 10 April 1996.]
(l) hold meetings at any place within or outside the Republic;
(m) on its own initiative or at the request of any interested person inquire or investigate into any matter in terms of this Act, including the disappearance of any person or group of persons.
[Para. (m) substituted by s. 4 (e) of Act 87 of 1995.]
[Date of commencement of para. (m): 10 April 1996.]

(...)

11 Principles to govern actions of Commission when dealing with victims
When dealing with victims the actions of the Commission shall be guided by the following principles:
(a) Victims shall be treated with compassion and respect for their dignity;
(b) victims shall be treated equally and without discrimination of any kind, including race, colour, gender, sex, sexual orientation, age, language, religion, nationality, political or other opinion, cultural beliefs or practices, property, birth or family status, ethnic or social origin or disability;
(c) procedures for dealing with applications by victims shall be expeditious, fair, inexpensive and accessible;
(d) victims shall be informed through the press and any other medium of their rights in seeking redress through the Commission, including information of-
(i) the role of the Commission and the scope of its activities;
(ii) the right of victims to have their views and submissions presented and considered at appropriate stages of the inquiry;
(e) appropriate measures shall be taken in order to minimize inconvenience to victims and, when necessary, to protect their privacy, to

ensure their safety as well as that of their families and of witnesses testifying on their behalf, and to protect them from intimidation;

(f) appropriate measures shall be taken to allow victims to communicate in the language of their choice;

(g) informal mechanisms for the resolution of disputes, including mediation, arbitration and any procedure provided for by customary law and practice shall be applied, where appropriate, to facilitate reconciliation and redress for victims.

[Date of commencement of s. 11: 10 April 1996.]

CHAPTER 4
AMNESTY MECHANISMS AND PROCEDURES (ss 16-22)

16 Committee on Amnesty
There is hereby established a committee to be known as the Committee on Amnesty,which shall in this Chapter be referred to as the Committee.

17 Constitution of Committee
(1) The Committee shall consist of a Chairperson, a Vice-Chairperson and such other members who are fit and proper persons, appropriately qualified, South African citizens and broadly representative of the South African community, as the President deems necessary.
[Sub-s. (1) substituted by s. 1 (a) of Act 18 of 1997, by s. 1 of Act 84 of 1997 and by s.1 of Act 33 of 1998.]

(2) The President shall appoint the Chairperson, the Vice-Chairperson and, after consultation with the Commission, the other members of the Committee: Provided that at least three of such other members of the Committee shall be commissioners.
[Sub-s. (2) substituted by s. 1 (a) of Act 18 of 1997.]

(2A) (a) The Chairperson of the Committee may from among the members of the Committee establish a subcommittee, the chairperson of which shall be a judge as referred to in subsection (3), designated by the Chairperson of the Committee.

(b) Any subcommittee established in terms of paragraph (a) shall have the same powers, functions and duties as the Committee in relation to any application for amnesty submitted in terms of section 18, and to the person who submitted such application.
[Sub-s. (2A) inserted by s. 1 (b) of Act 18 of 1997.]

(3) The Chairperson of the Committee shall be-
(a) a judge as defined in section 1 (1) of the Judges' Remuneration and Conditions of Employment Act, 1989 (Act 88 of 1989); or
(b) a judge who has been discharged from active service in terms of section 3 of the said Act.

(4) Any vacancies in the Committee shall be filled in accordance with this section.

18 Applications for granting of amnesty

(1) Any person who wishes to apply for amnesty in respect of any act, omission or offence on the grounds that it is an act associated with a political objective, shall within 12 months from the date of the proclamation referred to in section 7 (3), or such extended period as may be prescribed, submit such an application to the Commission in the prescribed form.

(2) The Committee shall give priority to applications of persons in custody and shall prescribe measures in respect of such applications after consultation with the Minister and the Minister of Correctional Services.
[Date of commencement of s. 18: 10 April 1996.]

19 Committee shall consider applications for amnesty

(1) Upon receipt of any application for amnesty, the Committee may return the application to the applicant and give such directions in respect of the completion and submission of the application as may be necessary or request the applicant to provide such further particulars as it may deem necessary.

(2) The Committee shall investigate the application and make such enquiries as it may deem necessary. *[Sub-s. (2) amended by s. 8 (a) of Act 87 of 1995.]*

(3) After such investigation-
    (a) the Committee may-
        (i) inform the applicant that the application, judged on the particulars or further particulars contained in the application or provided by the applicant or revealed as a result of enquiries made by the Committee, if any, does not relate to an act associated with a political objective;
        (ii) afford the applicant the opportunity to make a further submission; and
        (iii) decide whether the application, judged on the particulars referred to in subparagraph (i), and in such further submission, relates to such an act associated with a political objective, and if it is satisfied that the application does not relate to such an act, in the absence of the applicant and without holding a hearing refuse the application and inform the applicant accordingly; or
        [Para. (a) amended by s. 8 (b) of Act 87 of 1995.]
    (b) the Committee may, if it is satisfied that-
        (i) the requirements mentioned in section 20 (1) have been complied with;
        (ii) there is no need for a hearing; and
        (iii) the act, omission or offence to which the application relates, does not constitute a gross violation of human rights, in the absence of the applicant and without holding a hearing, grant amnesty and inform the applicant accordingly.
        [Para. (b) amended by s. 8 (e) of Act 87 of 1995.]
        [Sub-s. (3) amended by s. 8 (b) of Act 87 of 1995.]

(4) If an application has not been dealt with in terms of subsection (3), the Committee shall conduct a hearing as contemplated in Chapter 6 and shall, subject to the provisions of section 33-

a) in the prescribed manner, notify the applicant and any victim or person implicated, or having an interest in the application, of the place where and the time when the application will be heard and considered;

(b) inform the persons referred to in paragraph (a) of their right to be present at the hearing and to testify, adduce evidence and submit any article to be taken into consideration;

(c) deal with the application in terms of section 20 or 21 by granting or refusing amnesty.

(5) (a) The Committee shall, for the purpose of considering and deciding upon an application referred to in subsection (1), have the same powers as those conferred upon the Commission in section 5 (l) and (m) and Chapters 6 and 7.

(b) Notwithstanding the provisions of section 18 (1), the Committee may consider jointly the individual applications in respect of any particular act, omission or offence to which such applications relate.

(6) If the act, omission or offence which is the subject of an application under section 18 constitutes the ground of any claim in civil proceedings instituted against the person who submitted that application, the court hearing that claim may at the request of such person, if it is satisfied that the other parties to such proceedings have been informed of the request and afforded the opportunity to address the court or to make further submissions in this regard, suspend those proceedings pending the consideration and disposal of the application.

[Sub-s. (6) substituted by s. 8 (g) of Act 87 of 1995.]

(7) If the person who submitted an application under section 18 is charged with any offence constituted by the act or omission to which the application relates, or is standing trial upon a charge of having committed such an offence, the Committee in consultation with the attorney-general concerned, may request the appropriate authority to postpone the proceedings pending the consideration and disposal of the application [for amnesty].

[Sub-s. (7) substituted by s. 8 (h) of Act 87 of 1995.]

(8) (a) Subject to the provisions of section 33, the applications, documentation in connection therewith, further information and evidence obtained before and during an investigation by the Commission, the deliberations conducted in order to come to a decision or to conduct a hearing contemplated in section 33, shall be confidential.

(b) Subject to the provisions of section 33, the confidentiality referred to in paragraph (a) shall lapse when the Commission decides to release such information or when the hearing commences.

[Date of commencement of s. 19: 10 April 1996.]

20 Granting of amnesty and effect thereof

(1) If the Committee, after considering an application for amnesty, is satisfied that-

(a) the application complies with the requirements of this Act;

(b) the act, omission or offence to which the application relates is an act associated with a political objective committed in the course of the conflicts of the past in accordance with the provisions of subsections (2) and (3); and

(c) the applicant has made a full disclosure of all relevant facts,

it shall grant amnesty in respect of that act, omission or offence.

(2) In this Act, unless the context otherwise indicates, 'act associated with a political objective' means any act or omission which constitutes an offence or delict which, according to the criteria in subsection (3), is associated with a political objective, and which was advised, planned, directed, commanded, ordered or committed within or outside the Republic during the period 1 March 1960 to the cut-off date, by-

(a) any member or supporter of a publicly known political organisation or liberation movement on behalf of or in support of such organization or movement, bona fide in furtherance of a political struggle waged by such organisation or movement against the State or any former state or another publicly known political organisation or liberation movement;

(b) any employee of the State or any former state or any member of the security forces of the State or any former state in the course and scope of his or her duties and within the scope of his or her express or implied authority directed against a publicly known political organisation or liberation movement engaged in a political struggle against the State or a former state or against any members or supporters of such organisation or movement, and which was committed bona fide with the object of countering or otherwise resisting the said struggle;

(c) any employee of the State or any former state or any member of the security forces of the State or any former state in the course and scope of his or her duties and within the scope of his or her express or implied authority directed-

    (i) in the case of the State, against any former state; or

    (ii) in the case of a former state, against the State or any other former state, whilst engaged in a political struggle against each other or against any employee of the State or such former state, as the case may be, and which was committed bona fide with the object of countering or otherwise resisting the said struggle;

(d) any employee or member of a publicly known political organisation or liberation movement in the course and scope of his or her duties and within the scope of his or her express or implied authority directed against the State or any former state or any publicly known political organisation or liberation movement engaged in a political struggle against that political organisation or liberation movement or against members of the security forces of the State or any former state or members or supporters of such publicly known political organization or liberation movement, and which was committed bona fide in furtherance of the said struggle;

(e) any person in the performance of a coup d' état to take over the government of any former state, or in any attempt thereto;

(f) any person referred to in paragraph (b), (c) and (d) , who on reasonable grounds believed that he or she was acting in the course and scope of his or her duties and within the scope of his or her express or implied authority;
[Para. (f) substituted by s. 9 of Act 87 of 1995.]

(g) any person who associated himself or herself with any act or omission committed for the purposes referred to in paragraphs (a), (b), (c), (d) , (e) and (f) .

(3) Whether a particular act, omission or offence contemplated in subsection (2) is an act associated with a political objective, shall be decided with reference to the following criteria:

(a) The motive of the person who committed the act, omission or offence;

(b) the context in which the act, omission or offence took place, and in particular whether the act, omission or offence was committed in the course of or as part of a political uprising, disturbance or event, or in reaction thereto;

(c) the legal and factual nature of the act, omission or offence, including the gravity of the act, omission or offence;

(d) the object or objective of the act, omission or offence, and in particular whether the act, omission or offence was primarily directed at a political opponent or State property or personnel or against private property or individuals;

(e) whether the act, omission or offence was committed in the execution of an order of, or on behalf of, or with the approval of, the organisation, institution, liberation movement or body of which the person who committed the act was a member, an agent or a supporter; and

(f) the relationship between the act, omission or offence and the political objective pursued, and in particular the directness and proximity of the relationship and the proportionality of the act, omission or offence to the objective pursued, but does not include any act, omission or offence committed by any person referred to in subsection (2) who acted-

(i) for personal gain: Provided that an act, omission or offence by any person who acted and received money or anything of value as an informer of the State or a former state, political organisation or liberation movement, shall not be excluded only on the grounds of that person having received money or anything of value for his or her information; or

(ii) out of personal malice, ill-will or spite, directed against the victim of the acts committed.

(4) In applying the criteria contemplated in subsection (3), the Committee shall take into account the criteria applied in the Acts repealed by section 48.

(5) The Commission shall inform the person concerned and, if possible, any victim, of the decision of the Committee to grant amnesty to such person in respect of a specified act, omission or offence and the Committee

shall submit to the Commission a record of the proceedings, which may, subject to the provisions of this Act, be used by the Commission.

(6) The Commission shall forthwith by proclamation in the Gazette make known the full names of any person to whom amnesty has been granted, together with sufficient information to identify the act, omission or offence in respect of which amnesty has been granted.
[Sub-s. (6) substituted by s. 23 of Act 104 of 1996.]

(7) (a) No person who has been granted amnesty in respect of an act, omission or offence shall be criminally or civilly liable in respect of such act, omission or offence and no body or organisation or the State shall be liable, and no person shall be vicariously liable, for any such act, omission or offence.

(b) Where amnesty is granted to any person in respect of any act, omission or offence, such amnesty shall have no influence upon the criminal liability of any other person contingent upon the liability of the first-mentioned person.

(c) No person, organisation or state shall be civilly or vicariously liable for an act, omission or offence committed between 1 March 1960 and the cut-off date by a person who is deceased, unless amnesty could not have been granted in terms of this Act in respect of such an act, omission or offence.

(8) If any person-

(a) has been charged with and is standing trial in respect of an offence constituted by the act or omission in respect of which amnesty is granted in terms of this section; or

(b) has been convicted of, and is awaiting the passing of sentence in respect of, or is in custody for the purpose of serving a sentence imposed in respect of, an offence constituted by the act or omission in respect of which amnesty is so granted, the criminal proceedings shall forthwith upon publication of the proclamation referred to in subsection (6) become void or the sentence so imposed shall upon such publication lapse and the person so in custody shall forthwith be released.

(9) If any person has been granted amnesty in respect of any act or omission which formed the ground of a civil judgment which was delivered at any time before the granting of the amnesty, the publication of the proclamation in terms of subsection (6) shall not affect the operation of the judgment in so far as it applies to that person.

(10) Where any person has been convicted of any offence constituted by an act or omission associated with a political objective in respect of which amnesty has been granted in terms of this Act, any entry or record of the conviction shall be deemed to be expunged from all official documents or records and the conviction shall for all purposes, including the application of any Act of Parliament or any other law, be deemed not to have taken place: Provided that the Committee may recommend to the authority concerned the taking of such measures as it may deem necessary for the protection of the safety of the public.
[Date of commencement of s. 20: 10 April 1996.]

21 Refusal of amnesty and effect thereof

(1) If the Committee has refused any application for amnesty, it shall as soon as practicable notify-

    (a) the person who applied for amnesty;

    (b) any person who is in relation to the act, omission or offence concerned, a victim; and

    (c) the Commission,

in writing of its decision and the reasons for its refusal.

(2) (a) If any criminal or civil proceedings were suspended pending a decision on an application for amnesty, and such application is refused, the court concerned shall be notified accordingly.

    (b) No adverse inference shall be drawn by the court concerned from the fact that the proceedings which were suspended pending a decision on an application for amnesty, are subsequently resumed.

    [Date of commencement of s. 21: 10 April 1996.]

22 Referrals to Committee on Reparation and Rehabilitation

(1) Where amnesty is granted to any person in respect of any act, omission or offence and the Committee is of the opinion that a person is a victim in relation to that act, omission or offence, it shall refer the matter to the Committee on Reparation and Rehabilitation for its consideration in terms of section 26.

(2) Where amnesty is refused by the Committee and if it is of the opinion that-

    (a) the act, omission or offence concerned constitutes a gross violation of human rights; and

    (b) a person is a victim in the matter,

it shall refer the matter to the Committee on Reparation and Rehabilitation for consideration in terms of section 26.

[Date of commencement of s. 22: 10 April 1996.]
(...)

CHAPTER 6
INVESTIGATIONS AND HEARINGS BY COMMISSION (ss 28-35)

28 Commission may establish investigating unit

(1) The Commission may establish an investigating unit which shall consist of such persons, including one or more commissioners, as may be determined by the Commission.

(2) The period of appointment of such members shall be determined by the Commission at the time of appointment, but such period may be extended or curtailed by the Commission.

(3) The Commission shall appoint a commissioner as the head of the investigating unit.

(4) (a) The investigating unit shall investigate any matter falling within the

scope of the Commission's powers, functions and duties, subject to the directions of the Commission, and shall at the request of a committee investigate any matter falling within the scope of the powers, functions and duties of that committee, subject to the directions of the committee.

(b) The investigating unit shall in the performance of its functions follow such procedure as may be determined by the Commission or the committee concerned, as the case may be.

(5) Subject to section 33, no article or information obtained by the investigating unit shall be made public, and no person except a member of the investigating unit, the Commission, the committee concerned or a member of the staff of the Commission shall have access to such article or information until such time as the Commission or the committee determines that it may be made public or until the commencement of any hearing in terms of this Act which is not held behind closed doors.

29 Powers of Commission with regard to investigations and hearings

(1) The Commission may for the purposes of or in connection with the conduct of an investigation or the holding of a hearing, as the case may be-

(a) at any time before the commencement or in the course of such investigation or hearing conduct an inspection in loco;

(b) by notice in writing call upon any person who is in possession of or has the custody of or control over any article or other thing which in the opinion of the Commission is relevant to the subject matter of the investigation or hearing to produce such article or thing to the Commission, and the Commission may inspect and, subject to subsection (3), retain any article or other thing so produced for a reasonable time;

(c) by notice in writing call upon any person to appear before the Commission and to give evidence or to answer questions relevant to the subject matter of the investigation or the hearing;
[Para. (c) substituted by s. 24 (a) of Act 104 of 1996.]

(d) in accordance with section 32 seize any article or thing referred to in paragraph (b) which is relevant to the subject matter of the investigation or hearing.

(2) A notice referred to in subsection (1) shall specify the time when and the place where the person to whom it is directed shall appear, shall be signed by a commissioner, shall be served by a member of the staff of the Commission or by a sheriff, by delivering a copy thereof to the person concerned or by leaving it at such person's last known place of residence or business, and shall specify the reason why the article is to be produced or the evidence is to be given.

(3) If the Commission is of the opinion that the production of any article in the possession or custody or under the control of the State, any department of State, the Auditor-General or any Attorney-General may adversely affect any intended or pending judicial proceedings or the conduct of any investigation carried out with a view to the institution of judicial proceedings, the Commission shall take steps aimed at the

prevention of any undue delay in or the disruption of such investigation or proceedings.

(4) The Commission may require any person who in compliance with a requirement in terms of this section appears before it, to take the oath or to make an affirmation and may through the Chairperson or any member of the staff of the Commission administer the oath to or accept an affirmation from such person.

(5) No person other than a commissioner, a member of the staff of the Commission or any person required to produce any article or to give evidence shall be entitled or permitted to attend any investigation conducted in terms of this section, and the Commission may, having due regard to the principles of openness and transparency, declare that any article produced or information furnished at such investigation shall not be made public until the Commission determines otherwise or, in the absence of such a determination, until the article is produced or the information is furnished at a hearing in terms of this Act, or at any proceedings in any court of law.
[Sub-s. (5) substituted by s. 24 (b) of Act 104 of 1996 and by s. 20 of Act 34 of 1998.]
[Date of commencement of s. 29: 10 April 1996.]

30 Procedure to be followed at investigations and hearings of Commission, committees and subcommittees

(1) The Commission and any committee or subcommittee shall in any investigation or hearing follow the prescribed procedure or, if no procedure has been prescribed, the procedure determined by the Commission, or, in the absence of such a determination, in the case of a committee or subcommitte [sic], the procedure determined by the committee or subcommittee, as the case may be.

(2) If during any investigation by or any hearing before the Commission-
    (a) any person is implicated in a manner which may be to his or her detriment;
    [Para. (a) substituted by s. 15 (a) of Act 87 of 1995.]
    (b) the Commission contemplates making a decision which may be to the detriment of a person who has been so implicated;
    (c) it appears that any person may be a victim,
    [Para. (c) substituted by s. 15 (b) of Act 87 of 1995.]
the Commission shall, if such person is available, afford him or her an opportunity to submit representations to the Commission within a specified time with regard to the matter under consideration or to give evidence at a hearing of the Commission.
[Date of commencement of s. 30: 10 April 1996.]

31 Compellability of witnesses and inadmissibility of incriminating evidence given before Commission

(1) Any person who is questioned by the Commission in the exercise of its powers in terms of this Act, or who has been subpoenaed to give evidence or to produce any article at a hearing of the Commission shall,

subject to the provisions of subsections (2), (3) and (5), be compelled to produce any article or to answer any question put to him or her with regard to the subject-matter of the hearing notwithstanding the fact that the article or his or her answer may incriminate him or her.

(2) A person referred to in subsection (1) shall only be compelled to answer a question or to produce an article which may incriminate him or her if the Commission has issued an order to that effect, after the Commission-

    (a) has consulted with the attorney-general who has jurisdiction;

    (b) has satisfied itself that to require such information from such a person is reasonable, necessary and justifiable in an open and democratic society based on freedom and equality; and

    (c) has satisfied itself that such a person has refused or is likely to refuse to answer a question or produce an article on the grounds that such an answer or article might incriminate him or her.

(3) Any incriminating answer or information obtained or incriminating evidence directly or indirectly derived from a questioning in terms of subsection (1) shall not be admissible as evidence against the person concerned in criminal proceedings in a court of law or before any body or institution established by or under any law: Provided that incriminating evidence arising from such questioning shall be admissible in criminal proceedings where the person is arraigned on a charge of perjury or a charge contemplated in section 39 (d) (ii) of this Act or in section 319 (3) of the Criminal Procedure Act, 1955 (Act 56 of 1955).

(4) Subject to the provisions of this section, the law regarding privilege as applicable to a witness summoned to give evidence in a criminal case in a court of law shall apply in relation to the questioning of a person in terms of subsection (1).

(5) Any person appearing before the Commission by virtue of the provisions of subsection (1) shall be entitled to peruse any article referred to in that subsection, which was produced by him or her, as may be reasonably necessary to refresh his or her memory.

[Date of commencement of s. 31: 10 April 1996.]

32 Entry upon premises, search for and seizure and removal of certain articles or other things

(1) Any commissioner, member of the staff of the Commission or police officer authorized thereto by a commissioner may on the authority of an entry warrant, issued in terms of subsection (2), enter upon any premises in or upon which any article or thing-

    (a) which is concerned with or is upon reasonable grounds suspected to be concerned with any matter which is the subject of any investigation in terms of this Act;

    (b) which contains, or is upon reasonable grounds suspected to contain, information with regard to any such matter, is or is upon reasonable grounds suspected to be,and may on the authority of a search warrant, issued in terms of subsection (2)-

(i)   inspect and search such premises and there make such inquiries as he or she may deem necessary;

(ii) examine any article or thing found in or upon such premises;

(iii) request from the person who is in control of such premises or in whose possession or under whose control any article or thing is whe it is found, or who is upon reasonable grounds believed to have information with regard to any article or thing, an explanation or information;

(iv) make copies of or extracts from any such article found upon or in such premises;

(v)   seize any article or thing found upon or in such premises which he or she upon reasonable grounds suspects to be an article or thing mentioned in paragraph (a) or (b) ;

(vi) after having issued a receipt in respect thereof remove any article or thing found on such premises and suspected upon reasonable grounds to be an article or thing mentioned in paragraph (a) or (b) , and retain such article or thing for a reasonable period for the purpose of further examination or, in the case of such article, the making of copies thereof or extracts therefrom: Provided that any article or thing that has been so removed, shall be returned as soon as possible after the purpose of such removal has been accomplished.

(2) An entry or search warrant referred to in subsection (1) shall be issued by a judge of the Supreme Court or by a magistrate who has jurisdiction in the area where the premises in question are situated, and shall only be issued if it appears to the judge or magistrate from information on oath that there are reasonable grounds for believing that an article or thing mentioned in paragraph (a) or (b) of subsection (1) is upon or in such premises, and shall specify which of the acts mentioned in paragraph (b) (i) to (vi) of that subsection may be performed thereunder by the person to whom it is issued.

(3) A warrant issued in terms of this section shall be executed by day unless the person who issues the warrant authorizes the execution thereof by night at times which shall be reasonable and any entry upon or search of any premises in terms of this section shall be conducted with strict regard to decency and order, including-

(a) a person's right to, respect for and the protection of his or her dignity;

(b) the right of a person to freedom and security; and

(c) the right of a person to his or her personal privacy.

[Sub-s. (3) amended by s. 16 (c) of Act 87 of 1995.]

(4) Any person executing a warrant in terms of this section shall immediately before commencing with the execution-

(a) identify himself or herself to the person in control of the premises, if such person is present, and hand to such person a copy of the warrant or, if such person is not present, affix such copy to a prominent place on the premises;

(b) supply such person at his or her request with particulars regarding his or her authority to execute such a warrant.

(5) (a) Any commissioner, or any member of the staff of the Commission or police officer at the request of a commissioner, may without a warrant enter upon any premises, other than a private dwelling, and exercise the powers referred to in subsection (1) (b) (i) up to and including (vi)-

   (i) if the person who is competent to do so consents to such entry, search, seizure and removal; or

   (ii) if he or she upon reasonable grounds believes that

      (aa) the required warrant will be issued to him or her in terms of subsection (2) if he or she were to apply for such warrant; and

      (bb) the delay caused by the obtaining of any such warrant would defeat the object of the entry, search, seizure and removal.

      [Para. (a) amended by s. 16 (d) of Act 87 of 1995.]

   (b) Any entry and search in terms of paragraph (a) shall be executed by day, unless the execution thereof by night is justifiable and necessary.

(6) (a) Any person who may on the authority of a warrant issued in terms of subsection (2), or under the provisions of subsection (5), enter upon and search any premises, may use such force as may be reasonably necessary to overcome resistance to such entry or search.

   (b) No person may enter upon or search any premises unless he or she has audibly demanded admission to the premises and has notified the purpose of his or her entry, unless such person is upon reasonable grounds of the opinion that any article or thing may be destroyed if such admission is first demanded and such purpose is first notified.

(7) If during the execution of a warrant or the conducting of a search in terms of this section, a person claims that an article found on or in the premises concerned contains privileged information and refuses the inspection or removal of such article, the person executing the warrant or conducting the search shall, if he or she is of the opinion that the article contains information which is relevant to the investigation and that such information is necessary for the investigation or hearing, request the registrar of the Supreme Court which has jurisdiction or his or her delegate, to seize and remove that article for safe custody until a court of law has made a ruling on the question whether the information concerned is privileged or not.

(8) A warrant issued in terms of this section may be issued on any day and shall be of force until-

   (a) it is executed; or

   (b) it is cancelled by the person who issued it or, if such person is not available, by any person with like authority; or

   (c) the expiry of one month from the day of its issue; or

   (d) the purpose for the issuing of the warrant has lapsed, whichever may occur first.

   [Date of commencement of s. 32: 10 April 1996.]

33 Hearings of Commission to be open to public

(1) (a) **Subject to the provisions of this section, the hearings of the Commission shall be open to the public.**

    (b) If the Commission, in any proceedings before it, is satisfied that-

        (i) it would be in the interest of justice; or

        (ii) there is a likelihood that harm may ensue to any person as a result of the proceedings being open,

it may direct that such proceedings be held behind closed doors and that the public or any category thereof shall not be present at such proceedings or any part thereof: Provided that the Commission shall permit any victim who has an interest in the proceedings concerned, to be present.

    (c) An application for proceedings to be held behind closed doors may be brought by a person referred to in paragraph (b) and such application shall be heard behind closed doors.

    (d) The Commission may at any time review its decision with regard to the question whether or not the proceedings shall be held behind closed doors.

(2) Where the Commission under subsection (1) (b) on any grounds referred to in that subsection directs that the public or any category thereof shall not be present at any proceedings or part thereof, the Commission may, subject to the provisions of section 20 (6)-

    (a) direct that no information relating to the proceedings, or any part thereof held behind closed doors, shall be made public in any manner;

    (b) direct that no person may, in any manner, make public any information which may reveal the identity of any witness in the proceedings;

    (c) give such directions in respect of the record of proceedings as may be necessary to protect the identity of any witness:

Provided that the Commission may authorize the publication of so much information as it considers would be just and equitable.

[Date of commencement of s. 33: 10 April 1996.]

34 Legal representation

(1) Any person questioned by an investigation unit and any person who has been subpoenaed or called upon to appear before the Commission is entitled to appoint a legal representative.

(2) The Commission may, in order to expedite proceedings, place reasonable limitations with regard to the time allowed in respect of the cross-examination of witnesses or any address to the Commission.

(3) The Commission may appoint a legal representative, at a tariff to be prescribed, to appear on behalf of the person concerned if it is satisfied that the person is not financially capable of appointing a legal representative himself or herself, and if it is of the opinion that it is in the interests of justice that the person be represented by a legal representative.

[Sub-s. (3) substituted by s. 17 of Act 87 of 1995.]

(4) A person referred to in subsection (1) shall be informed timeously of his or her right to be represented by a legal representative.

[Date of commencement of s. 34: 10 April 1996.]

Anhang 2
Statement concerning Gross Violations of Human Rights (Opferfragebogen der TRC)

truth & reconciliation
commission

STATEMENT

concerning

GROSS VIOLATIONS OF HUMAN RIGHTS

The aim of this STATEMENT is to gather as much information as possible about the gross violations of human rights suffered as a result of the political conflict in South Africa. According to the legislation, gross human rights violations are:

Killing, torture, severe ill-treatment, abduction and disappearance

or

Any attempt, conspiracy, incitement, instigation, command or procurement to commit a gross human rights violation, defined by parliament as killing, torture, severe ill-treatment, abductions and disappearances,

that occurred in a political context

between 1 March 1960 and 5 December 1993.

Truth and Reconciliation
Commission (TRC)

The aims of the Truth and Reconciliation Commission are:

- to give as complete a picture as possible of the gross human rights violations resulting from the conflicts of the past;
- to restore human and civil dignity to those who experienced violations by letting them tell their stories and recommending how they can be assisted; and
- to consider granting amnesty to perpetrators who carried out the abuses for political reasons, and who give full details of their actions to the Commission.

If you have experienced or have knowledge of *Gross Violations of Human Rights* committed between 1 March 1960 and 5 December 1993, please complete this statement. Thank you for sharing your painful experience with the Truth Commission. Your contribution will help our country come to terms with the past.

Should you run out of space when answering the questions, please use the additional pages at the back (page 23 and 24).

NOTE:

- You are entitled to legal representation at your own cost, both while completing this statement and/or when testifying in a possible public Human Rights Violation hearing. You can apply for legal aid if needed. Please contact the office.
- If you make a false statement willingly and knowingly you could be prosecuted.
- If you complete this statement by yourself, please post (or hand deliver) to any of the following Truth and Reconciliation Commission offices listed below.
- Please attach additional documents (for example, copy of ID, press clippings, doctors reports, etc.).
- Please put your initials (sign) on every page of your statement at the bottom of each page.
- By submitting this statement to the Truth and Reconciliation Commission, your name may appear in the final report of the Commission; perpetrators may be informed of any allegations you make; and your medical, legal and other records may be made available to the Commission.

JOHANNESBURG	CAPE TOWN	EAST LONDON	DURBAN
Mpumalanga, Northern and North West Province	Western Cape and Northern Cape	Eastern Cape Province	KwaZulu/Natal and Free State Provinces
Dr. Fazel Randera (Commissioner - Convenor)	Dr. Wendy Orr (Commissioner - Convenor)	Rev. Bongani Finca (Commissioner - Convenor)	Mr. Richard Lyster (Commissioner - Convenor)
Mr. Patrick Kelly (Regional Manager)	Ms. Ruth Lewin (Regional Manager)	Rev. Vido Nyobole (Regional Manager)	Ms. Wendy Watson (Regional Manager)
P.O. Box 1158 Sanlam Centre, 10th floor cnr Jeppe & Von Weilligh Str. Johannesburg 2000	P.O. Box 3162 Old Mutual Building, 9th Floor 106 Adderley Street Cape Town 8000	P.O. Box 392 NBS Building, 5th Floor 15 Terminus Street East London 5200	P.O. Box 62612 Metlife Building, 9th & 10th Floors 391 Smith Street Durban 4008
Tel (011) 333-6330 Fax (011) 333-0832	Tel (021) 245-161 Fax (021) 245-225	Tel (0431) 432-885 Fax (0432) 439-352	Tel (031) 307-6747 Fax (031) 307-6742

Declaration

I, ... solemnly declare that the
information I am about to give the Truth and Reconciliation Commission, is to the best of
my knowledge, true and correct and I consider the contents of this statement binding on my
conscience.

_____   _____
Signature / Finger Print / Mark   *Date*

_____
Witness signature

If you are called to a public hearing, will you be prepared to appear?   YES   NO   [circle]

IMPORTANT:
- Some women testify about violations of human rights that happened to family members or friends, but they also have suffered abuses. Don't forget to tell us what happened to you yourself if you were the victim of a gross human rights abuse.

DETAILS OF THE PERSON *HELPING* TO FILL IN THE STATEMENT

Please fill in this section if somebody is HELPING you to make the statement.

Full name of person helping: ....

Relationship to person giving statement *(for example, neighbour, friend)*:...

Address:..

....

Signature of helper: ....   Date: ....

Initials of Person making the statement

DETAILS OF PERSON MAKING STATEMENT

ERSONAL INFORMATION

Surname: .... Title: ....
(for example, Mr., Ms., Dr., Prof.)

First Names: ....

Other names: ....
(for example, clan names, code names, pseudonyms, nicknames, aliases)

Type of ID document: .... ID or Passport number: ....
(for example, ID Book, passport, birth certificate, etc.)

Date of birth: .... Sex: Male Female [circle]

Citizenship: .... Race as per Apartheid legislation: ....

Occupation: .... Are you currently employed? Yes · No [circle]

Home Language: ....

CONTACT ADDRESS

Where does your post go to?

Block / Street and number: .... P.O. Box: ....

Section/Extension: .... Suburb and City: ....

Township/Suburb/City: .... Postal Code: ....

Postal Code: .... Province: .... Province: ....

Home Telephone No.: .... Work Telephone No.: ....

What is the best and easiest way the Truth & Reconciliation Commission can contact you in future?
(Could be the same address as above or could be a friend or relative with whom there is regular contact)

Name of Contact person: (if relevant) ....

Contact address: ....

....

Contact telephone: (   ) ....
                    [area code]

2. WHOSE STORY ARE YOU GOING TO TELL THE COMMISSION?

Are you going to tell the Commission about what happened to **you**?   YES   NO [circle]

[AND / OR] [circle]

Are you going to tell the Commission about what happened to **someone else**?   YES   NO [circle]
(for example, your son, daughter, grandchild, mother, father, aunt, friend, etc.)

Initials of Person making the statement

BRIEF DESCRIPTION OF THE VIOLATION OF HUMAN RIGHTS

ase briefly describe what happened to you or the person you are telling us about. Please tell us:
at happened? Who got hurt, killed or kidnapped? When did it happen? Where did it happen? Who did it?

....

....

....

....

....

....

....

....

....

....

....

....

....

....

....

....

....

....

....

....

....

....

....

....

....

....

Initials of Person making the statement

....

....

....

....

....

....

....

....

....

....

4.   VICTIM DETAILS

Please list ALL the victims you have mentioned and give details as far as you know:

Full names of person violated (i.e. victim)	Sex and age at time of violation	Race as per Apartheid classification	Relationship of person making the statement to the victim	Occupation at time of violation	Organisational involvement (give dates and position) (for example, Community Council, SAP. ANC MK, APLA,, SADF, trade unions, women or youth organisation, civics, religious group)
for example Jackie Jones	female;21 yrs	White	myself	student	UDF supporter (1983-85) Church deacon
for example Sam Majola	male; 34 yrs	African	my son	taxi driver	COSAS branch chairperson (1987) MK member (since 1985)

5. POLITICAL CONTEXT

Please describe the political situation in the community at the time of each incident.
(for example, there was a mass funeral in the community that day; stay-away; boycott; march; mutiny in the camp; political rally; etc.)

....

....

....

....

....

....

....

....

....

6. PLEASE PROVIDE *SPECIFIC* DETAIL NEEDED BY THE COMMISSION

This section of the statement is to provide all the relevant information needed by the TRC concerning the specific gross human rights violations.

Please mark the boxes below, and then turn to the appropriate section and answer the questions afterwards as far as you can.

The questions below are arranged according to the different types of gross human rights violations as defined by Parliament. You are requested to:
- please indicate which categories are relevant to your experience by marking a cross (X) in the appropriate box. If you have experienced more than one type or category of violation please indicate this by putting a cross (X) in the appropriate boxes.
- If your experience does not fit exactly into any one of the types/categories of violations listed below, please use the ADDITIONAL PAGES at the end of this form to write down your story.

Mark with an X

Killing The person died as a result of a violation(s) (for example, shot by police at a political funeral, died as a result of torture in detention).	
Serious Injury or Severe Ill-Treatment The person does not die. Examples include bombings, shootings, stabbings, burnings, sexual abuse, attempted killings. These may have occurred in demonstrations, political conflict between groups, armed combat, etc.	
Torture Systematic and intentional abuse with a particular purpose, for example, to get information, intimidation, or punishment. This happens in captivity or custody by the state or other groups. The person, however, survived the ordeal.	
Abduction or Disappearance There is evidence that someone was taken away forcibly and illegally, or the person vanished mysteriously and was never seen again.	

Initials of Person making the statement

The person died as a result of a violation(s) (for example, shot by police at a political funeral, died as a result of torture in detention, was killed in armed confrontation with MK soldiers).	K I L L I N G

EVENT

Name of Victim. ....

When was the person killed? (date and time): ....

Where was the person killed? (exact location, including street, name of building, area, town):
(for example, in front of the house in Akker St.; at the taxi rank in Extension 4)

....

Please describe how the person was killed. Include details of what weapon was used to kill the person:

....

....

....

Why was the person killed? ....

....

....

Was there a post-mortem or inquest? If yes, what was the outcome?
(for example, did a doctor examine the body to find out the cause of death? Did you find out how the person was killed? Did you go to court to find out what happened? Was anybody found responsible for the death?)

....

....

....

....

PERPETRATORS

Can you identify the perpetrators in any way? Give names, rank and title, and physical description.
(for example, Mr. Siyanda, member of people's court; four men in balaclavas; a big man with a scar called Kallie)

....

....

....

....

....

How do you know who they were? ....
(for example, I saw them; my neighbour told me; there was a court case)

Initials of Person making the statement:

What organisation do you think they belong to or support? ....
(for example. SAP, UDF, witdoeke, PAC, comrades, SADF, Riot Squad, Town Council, Inkatha, ANC)

Can you specify who did what? Who was in charge? Who gave orders? Who was with them?
(for example. Mr. Siyanda ordered the killing. Vusi poured the petrol and Toto lit the match)

....

....

....

....

Where and when did you last see the perpetrator(s)? ....

....

Would you like to meet the perpetrator(s)?...

WITNESSES

Is there anyone else who knows what happened to you or the alleged victim either before, during or after the killing?
If yes; please answer the following questions as fully as possible.

Name of Witness	Contact address and telephone number of witness	What did this person see or hear?
for example, Mrs Moodley my neighbour	*13 Esau St, Lenasia tel (011) 123456*	*She saw the shooting of my son and told me about it.*

ADDITIONAL INFORMATION

....

....

....

....

....

Initials of Person making the statement

The violation did not result in death. These may have occurred in demonstrations, political conflict between groups, armed combat etc. Examples of severe ill-treatment include shootings, stabbings, beatings, sexual abuse, burnings.	SERIOUS INJURY OR SEVERE ILL-TREATMENT

EVENT

Name of victim. ....

When did the violation occur? (date and time) ....

Where did the violation occur? (exact location, including street, name of building. area, town):
(for example, in front of the house in Akker St.; at the taxi rank in Extension 4)

....

Please describe in detail what was done to you and/or the person you are talking about? ....

....

....

....

....

Were you or the victim sexually assaulted? Please give details: ....

....

....

....

....

Why do you think this happened? ....

....

....

Was there a court case? If yes, what was the outcome? ....

....

....

PERPETRATORS

Can you identify the perpetrators in any way? Give names, rank and title, or physical description.
(for example, Kitskonstable Jacobs; Mrs Daba and a group of comrades; four men in balaclavas)

....

....

....

How do you know who they were? ....
(for example, I saw them; my neighbour told me, there was a court case)

Initials of Person making the statement

What organisation do you think they belong to or support? ....
(for example. SAP, UDF, witdoeke, PAC, comrades, SADF, Riot Squad, Town Council, Inkatha, ANC)

Can you specify who did what? Who was in charge? Who gave orders? Who was with them?
(for example. Capt Coetzee ordered the shooting; Constable Denga shot me in the stomach)

....

....

....

Where and when did you last see the perpetrator(s)? ....

....

Would you like to meet the perpetrator(s)?..

WITNESSES

Is there anyone else who knows what happened to you or the alleged victim either before, during or after the incident?
If yes, please answer the following questions as fully as possible.

Name of Witness	Contact address and telephone number of witness	What did this person see or hear?
(for example) Joe Mini	*1409 KwaMashu, Durban tel (031) 123456*	*He found me being beaten by Vusi and his friends*

ADDITIONAL INFORMATION

....

....

....

....

....

Initials of Person making the statement

Systematic and intentional abuse with a particular purpose, for example, to get information, intimidation, or punishment. This happened in captivity or custody by the state or other groups. The person, however, survived the ordeal.	TORTURE

EVENT

Name of victim. ....

When were you and/or the victim tortured? (dates, times, length of time) ....
....

Where did the torture occur? (exact location, including street, name of building, area, town) :...............................
(for example, Loubscher's office at the police station; in the detention centre near the camp)
....

Please describe in detail what was done to you or the person you talking about. In other words, describe the torture:
....
....
....
....

Were you sexually assaulted? Please give details: ....
....
....

Why were you or the person you are talking about tortured? ....
(for example, to sign a statement, to become a state witness, punishment)
....
....

Describe the conditions of the captivity ....
....
....

PERPETRATORS

Can you identify the perpetrators in any way? Give names, rank and title, or physical description ....
(for example, Kitskonstable Jacobs; Mrs Daba and a group of comrades; four men in balaclavas)
....
....
....

What organisation do you think they belong to or support? ....
(for example, SAP, Security police, Mbokodo, ANC, SADF, Town Council, Inkatha, Transkei police)

Initials of Person making the statement

Can you specify who did what? Who was in charge? Who was with them?
(Capt Piet was in charge of my interrogation; Botha applied electric shocks; Commander 'Zizi' suspended me upside down)

....

....

....

Where and when did you last see the perpetrator(s)? ....

Would you like to meet the perpetrator(s)?..

ADDITIONAL INFORMATION

Describe any visits by doctors or District Surgeons. Give names and details: ....

....

....

....

....

Describe any visits with a magistrate. Give names and details: ....

....

....

....

....

Did you see a lawyer? Was there a court case? Was the torture experience described in court? What was the outcome of the case?

....

....

....

....

Is there anything else you wish to tell the Commission about this experience of torture? ....

....

....

....

....

....

Initials of Person making the statement

WITNESSES

Is there anyone else who knows what happened to you or the alleged victim either before, during or after the incident? If yes; please answer the following questions as fully as possible.

Name of Witness	Contact address and telephone number of witness	What did this person see or hear?
(for example) Mrs Khumalo	*14 Grange Str, Meadowlands tel (011) 123456*	*She was in the police cell with me and saw my wounds*
(for example) District Surgeon can't remember name	*Pretoria Central Prison*	*He saw my injuries and refused treatment*

Someone is taken away forcibly and illegally, or disappears and is never seen again.	**ABDUCTION OR DISAPPEARANCE**

EVENT

Name of victim . . . .

When did the abduction/disappearance take place? (date and time) . . . .

Where did it happen? (exact location, including street, name of building, area, town) : . . . .
(for example, from his house at 1711 Loerie St.; from the taxi rank in extension 5)

. . . .

. . . .

Please describe how it happened. . . . .

. . . .

. . . .

. . . .

. . . .

Where was the person taken to? (street, building, town) . . . .

Why did it happen ....

....

....

What was the outcome? Did the person come back?...
(for example, They let me go after two weeks; my son's body was found the next day)

....

PERPETRATORS

Can you identify the perpetrators in any way? Give names, rank and title, or physical description.
(for example, Mr Siyanda member of people's court; Chief Ndlela , leader of Mbokodo; four men in balaclavas)

....

....

....

How do you know who they were? ....
(for example, I saw them; my neighbour told me, there was a court case)

What organisation do you think they belong to or support? ....
(for example, Security police, vigilantes, comrades, Mbokodo, Town Council, Inkatha, ANC, SADF)

Where and when did you last see the perpetrator(s)? ....

Would you like to meet the perpetrator(s)?..

WITNESSES

Are there any witnesses to the violation either **before, during** or **after** the incident?
If yes; please answer the following questions as fully as possible.

Name of Witness	Contact address and telephone number of witness	What did this person see or hear?
(for example) Mr Mpokeli	*629 Site C, Khayelitsha*	*He saw my son being dragged into a taxi by five men in balaclavas.*

Initials of Person making the statement

136   Gerechtigkeit durch Wiedergutmachung?

7. EXPECTATIONS

An important part of the Truth and Reconciliation Commission's proposals to the President will be about symbolic acts which will help us remember the past, honour the dead, acknowledge the victims and their families and further the cause of reconciliation.
Please give us your opinion on what should be done:

7.1   For individuals:
(for example, medals, certificates, street names, memorials, grave stones, etc.)

....

....

7.2   For the Community:
(for example, a peace park, build a school, special ceremony, annual religious service, etc.)

....

....

7.3   For the Nation:
(for example, a monument, national day of remembrance, etc.)

....

....

8. CONSEQUENCES OF THE EXPERIENCE

The following questions are specific to the victim who experienced the violation.

8.1   Did the violation(s) cause permanent physical injury? If yes, describe the injury: ....

....

....

....

8.2   What treatment did the victim get for the injury? Do you still need medical treatment?...................................

....

....

8.3   Please describe the present physical health of the victim: ....

....

....

....

8.4   If the person cannot look after themself, please explain how they cope: ....

....

....

8.5   Did the violation cause emotional and psychological suffering or pain? ....

....

....

8.6   Please explain how the victim coped with the suffering:
(for example, did somebody help you deal with the pain of the event? Did you see a therapist or your priest, or a traditional healer?)

....

....

8.7   Did the violation affect relationships with friends, family, partner or children?
(for example, I have lost contact with them; my marriage broke down; we do not talk together like we used to, etc.)

....

....

8.8   Has the person's behaviour changed since the violation?
(for example, he is depressed all the time; she feels like dying; I am always angry; I hate going near that place; etc.)

....

....

8.9   How did the violation affect the family's health, education, accommodation, and finances?

8.91   Health ....

....

....

8.92   Education ....

....

....

8.93   Accommodation ....

....

....

8.94   Finances ....

....

....

Initials of Person making the statement

9. DOCUMENTATION AND DEPENDANT DETAILS

Have you already made one or more statements about this incident?   YES   NO *[circle]*
If yes, please specify:

To WHOM statement was made? *(for example, Foundation for Equality before the Law)*	WHEN? *(for example199 3)*	CONTACT details / person *(for example, Adv. Strydom tèl. (***) - *** ***)*

Do you have any documents that will help the Commission understand the situation
and experience you have described?   YES   NO *[circle]*
(for example, Doctor's Certificate, Membership card, Diary, Newspaper clippings, Legal Documents, Post-Mortem report, Hospital records, Police records, Court records, Inquest reports etc).

Type of Document	Where is this document at the moment?
(for example) Inquest report	*with the lawyer Smith, Jones and Associates*
(for example) Death certificate	*at home*

What legal action did you or the victim take? Please give dates and the name of the lawyers, magistrates and judges if you can.
(for example, was there a court case about the violation? Did you sue the perpetrators for damages? Did you lay charges against the perpetrators?)

....

....

....

What was the result?

....

....

In terms of the Act of Parliament, victims of Gross Human Rights Violations also includes the dependants of the person who suffered the violation. In the boxes below, please list the victims, and their dependants.

Note that dependants are the immediate family members of the victim (sons and daughters, husbands and wives and grandparents) who relied on the victim for financial or material support.

Victim of violation	Name of dependant	Relationship to victim of violation	Date of birth	Sex

Initials of Person making the statement

140   Gerechtigkeit durch Wiedergutmachung?

ADDITIONAL PAGE

Please mark clearly which question or paragraph you are answering on this page.

....

....

....

....

....

....

....

....

....

....

....

....

....

....

....

....

....

....

....

....

....

....

....

....

Initials of Person making the statement

ADDITIONAL PAGE

Please mark clearly which question or paragraph you are answering on this page.

....
....
....
....
....
....
....
....
....
....
....
....
....
....
....
....
....
....
....
....
....
....
....
....
....
....

Initials of Person making the statement

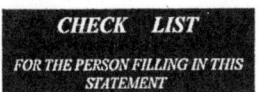

This page is to help check that the statement has been completed as fully as possible.

CHECK LIST	yes / no	Other comments
Were all the questions either asked or considered?		
Is the DECLARATION on page 3 above signed?		
Is the RELEASE FORM on page 23 signed?		
Are all the relevant pages (including the additional pages used) initialed?		
Are all the relevant documents attached to the last page of this statement?		

FOR OFFICIAL USE ONLY
To be completed by ALL Statement Takers (including Designated Statement Takers - DST)

Full Name of Statement Taker _____

Signature of Statement Taker _____

Date of Interview ___/___/_____   Place and Town of Interview _____
      (day / month / year)

Language of Interview _____   Are you a **TRC** statement taker or a **DST**? *[circle]*

TRC Office: Johannesburg / Cape Town / East London / Durban *[circle where appropriate]*

COMMENTS / OBSERVATIONS OF THE STATEMENT TAKER.

....
....
....
....
....
....
....
....
....

RELEASE FORM:
Medico-Legal Records

I, ... hereby grant permission for
(name of person giving permission)

the Investigative Unit of the Truth and Reconciliation Commission to obtain copies of all

medico-legal records of .... who is
(name of victim)

...., for the purposes of ongoing investigation being
(relationship to victim, for example, myself, my son, my daughter)

conducted by the Truth and Reconciliation Commission.

Yours faithfully,

Signature: ....   Date: ....

Anhang 3
Amnesty Application Form (Amnestieantragsformular) der TRC

ANNEXURE

FORM 1

APPLICATION FOR AMNESTY IN TERMS OF SECTION 18 OF THE PROMOTION OF NATIONAL UNITY AND RECONCILIATION ACT, 1995 (ACT NO. 34 OF 1995)

This form is also available in the other official languages at the address of the Committee on Amnesty mentioned hereunder.
To be completed in block letters, sworn to/solemnly affirmed before a commissioner of oaths and returned to the Committee on Amnesty, P O Box 3162, Cape Town, 8000 (Please use a separate page if more space is required)

1. Surname...

2. First names in full ....

3. Address...
   ....
   ....Postal Code...............................

4. Identity Number/Passport Number..

5. Date of birth...

6. Place of birth..

7. (a) If you are/were an officer/office-bearer/member/supporter of any political organisation/institution/body or liberation movement, state name thereof:

   ....
   ....

   (b) State capacity in which you served in the organisation/institution/body or liberation movement concerned, if applicable, and membership number, if any:

   ....
   ....

8. (a) If you are/were an officer/office-bearer/employee of the State or any former state or if you are/were a member of the security forces of the State or any former state, state the department/division:

....

....

(b) State capacity and period in which you were in the service of the State or former state or served in the security forces, if applicable, and force number, if any:

....

....

....

....

9. (a) Furnish sufficient particulars of the act/s, omission/s or offence/s associated with a political objective in respect of which amnesty is sought, including date/s, place/s and nature thereof and the name/s of any other person/s involved:

    (i) Act/s, omission/s or offence/s

    ....

    ....

    ....

    (ii) Date/s

    ....

    ....

    (iii) Place/s

    ....

    ....

    (iv) Nature and particulars

    ....

    ....

    ....

    ....

    ....

    ....

    ....

    ....

3

....
....
....
....
....
....
....

(b)   State whether any person was injured, killed or suffered any damage
        to property as a result of such act/s, omission/s or offence/s:

        ....
        ....

(c)   If so, state:

        (i)   The name/s of the victim/s

                ....
                ....

        (ii)   The occupation/s and address/es of the victim/s

                ....
                ....

        (iii)   The names and addresses of the victim's/victims' next of kin

                ....
                ....

        (iv)   Any other information which may assist in identifying and
                locating the victim/s

                ....
                ....

10. (a)   State political objective sought to be achieved:

        ....
        ....
        ....
        ....
        ....

(b)   Your justification for regarding such act/s, omission/s or offence/s as

148   Gerechtigkeit durch Wiedergutmachung?

4

act/s, omission/s or offence/s associated with a political objective:

....
....
....
....
....
....
....
....
....
....
....
....
....
....
....
....
....
....
....
....
....
....
....
....
....
....
....
....
....
....
....
....

(c) Did you benefit in any way, financially or otherwise?

....

....

(d) If so, explain the nature and extent of such benefits:

....

....

....

....

11. (a) Was/were the act/s, omission/s or offence/s committed in the execution of an order of, or on behalf of, or with the approval, the organisation, institution, body, liberation movement, state department or security force concerned?

....

....

....

....

....

....

(b) If so, state particulars of such order or approval and the date thereof and, if known, the name and address of the person/s who gave such order to approval:

....

....

....

....

....

....

....

....

12. If prosecution followed, state:

(a) In which court..

(b) Case number..

(c)   On which charge...

....

(d)   Date of next appearance in court (if any)....................................

(e)   Offence in respect of which found guilty and sentenced (if applicable)

....

(f)   Date of sentence (if applicable)...

(g)   Sentence imposed (if applicable)..

(h)   Prison number (if applicable)..

13.   (a)   Are civil proceedings pending or envisaged as a result of the act/s, omission/s or offence/s in respect of which amnesty is sought?

....

....

(b)   If so, state:

    (i)   The identity and addressed of the parties and their legal advisers, if any:

        ....

        ....

        ....

    (ii)   The case number and the court in which the proceedings are pending:

        ....

        ....

        ....

....

DEPONENT

The deponent has acknowledged that he/she knows and understands the contents of the declaration. This declaration was duly sworn to/solemnly affirmed before me on this ....day of.............................19.......at......................

....
COMMISSIONER OF OATHS

Abkürzungsverzeichnis

ANC	African National Congress
CALS	Center of Applied Legal Studies
ICTR	International Criminal Tribunal of Ruanda
ICYT	International Criminal Tribunal for the former Yugoslavia
IStGH	Internationaler Strafgerichtshof
ICPA	International Center for the Prosecution of the Crime of Aggression against Ukraine
NGO	Non-Governmental Organisation
NP	National Party
OHCHR	Oberster Kommissar (High Commissioner) der Vereinten Nationen für Menschenrechte
PTBS	Posttraumatische Belastungsstörung
SABC	South African Broadcasting Corporation (SOC) limited
TOA	Täter-Opfer-Ausgleich
TRC	Truth & Reconciliation Commission
UNIFEM	Entwicklungsfonds der Vereinten Nationen für Frauen (The United Nations Development Fund for Women)
UAF	Urgent Action Fund for Women's Human Rights
UkrStGB	Ukrainisches Strafgesetzbuch

Literaturverzeichnis

Monographien

Kai Ambos, Ukraine Krieg und international Strafjustiz, in: DRiZ 2022, S. 170–173.

Lucy Allais, Restorative Justice, Retributive Justice and the South African Truth and Reconciliation Commission, Philosophy & Public Affairs 2012, S. 331–363.

John Allen (2006) The authorized Biography of Desmond Tutu, Rabble-Rouser for Peace, London.

Jörg Arnold (2023) Gedanken zur Aktualität von Kants Schrift »Zum ewigen Frieden«, Vorgänge, Zeitschrift für Bürgerrechte und Gesellschaftspolitik, Nr. 237/238, S. 203–229.

Jacques Baud (2023) Putin Herr des Geschehens? Frankfurt a. M.

Andrea Berndt (2017) Der Täter-Opfer-Ausgleich aus Sicht des Opfers, Theorie und Praxis einer alternativen strafrechtlichen Intervention unter Einbeziehung konsistenztheoretischer Annahmen, Münster.

Stefanie Bock (2010) Das Opfer vor dem Internationalen Strafgerichtshof, Berlin.

Stefanie Bock, Lebenslange Haft für einen russischen Soldaten, in: Ukraine-Krieg und Recht (UKuR) 2022, S. 162–163.

Stefanie Bock, Wie fair sind Kriegsverbrecherprozesse in der Ukraine? Gastbeitrag LTO vom Mai 2022, https://www.lto.de/recht/hintergruende/h/kriegsverbrecherprozess-ukraine-lebenslang-gerecht-unabhngigkeit-justiz-opferstaat/.

Alex Boraine (2000) A country unmasked, Cape Town.

John Braithwaite (2002) Restorative Justice and Responsive Regulation, Oxford.

John Braithwaite, Putin's war: restorative reflections, in: The International Journal of Restorative Justice 2022, S. 1–11.

Joachim Braun (1999) Einführung zu: Versöhnung braucht Wahrheit, Der Bericht der südafrikanischen Wahrheitskommission, S. 7–21, Gütersloh.

Nicolai Bülte, Zwischen normativem Anspruch und prozessualer Wirklichkeit – Zum Vorschlag eines Ad-hoc-Tribunals für das Verbrechen der Aggression gegenüber der Ukraine, in: Völkerrechtsblog, international law and international legal thought (https://voelkerrechtsblog.org/zwischen-normativem-anspruch-und-prozessualer-wirklichkeit-teil-ii/).

Mary Burton (2016) The Truth and Reconciliation Commission, Athens (Ohio).

Elisenda Calvet-Martínez, Options for a Peace Settlement for Ukraine: Option Paper XIV – Transitional Justice in a Settlement to End the Conflict between Ukraine and Russia, http://opiniojuris.org/2022/08/11/options-for-a-peace-settlement-for-ukraine-option-paper-xiv-transitional-justice-in-a-settlement-to-end-the-conflict-between-ukraine-and-russia/.

Alejandro Castillejo-Cuéllar, Knowledge, Experience and South Africa's Scenarios of Forgiveness, in: Radical History Review, 2007 (97): S. 11–42.

Janet Cherry, Historical Truth: something to fight for, in: Looking back reaching forward, Reflections on the TRC of South Africa, 2000, S. 134–143.

Janine N. Clark, The three Rs, retributive justice, restorative justice and reconciliation, 2008 (https://www.tandfonline.com/doi/abs/10.1080/10282580802482603).

Nils Christie, Conflicts as Property, in: The British Journal of Criminology 1977, Vol. 17, S. 1–15.

Nils Christie (2001) Answers to Atrocities: Restorative Justice in Extreme Situations, in: Victim policies and criminal justice on the road to restorative justice, A collection of essays in honor of Tony Peeters, Ezzat Fattah and Stephan Parmentier (ed.), S. 379–392.

Olivier Corten/ Vaios Koutroulis, In-Depth Analysis, Tribunal for the crime of aggression against Ukraine – a legal assessment, requested by the DROI Subcommittee, December 2022.

Clivia von Dewitz (2023) Restorative Justice in der Praxis am Beispiel Deutschlands, Neuseelands und Nordamerikas, in: Resozialisierung, Opferschutz, Wiedergutmachung – Grundlagen und Rahmenbedingungen, *Bartsch* et al. (Hrsg.), 2023, Baden-Baden, S. 37–60.

Clivia von Dewitz (2023) Täter-Opfer-Ausgleich und strafrechtliche Mediation, Ein Leitfaden für die Anwendung des § 46a StGB in der richterlichen Praxis, *Bartsch* et al. (Hrsg.), 2023, Baden-Baden.

Clivia von Dewitz (2022) Rezension zu *Andrea Bernd*, Der Täter-Opfer-Ausgleich aus Sicht des Opfers, Schleswig-Holsteinische Anzeigen, S. 375–376

Clivia von Dewitz (2005) Südafrika, in: Strafrecht in Reaktion auf Systemunrecht, Vergleichende Einblicke in Transitionsprozesse, *Eser/Sieber/Arnold* (Hrsg.), Bd. 8, Freiburg i.Br.

Clivia von Dewitz, Die begrenzten Möglichkeiten einer strafrechtlichen Aufarbeitung von Systemunrecht, in: Recht in Afrika, Zeitschrift der Gesellschaft für afrikanisches Recht 2004, Heft 2, S. 133–154.

Jana Dragovic-Soso, History of a Failure: Attempt to Create a National Truth and Reconciliation Commission in Bosnia and Herzegovina, 1997–2006, in: International Journal of Transitional Justice 2016, 10, S. 292–310.

Albin Eser/Jörg Arnold (2012) Transitionsstrafrecht und Vergangenheitspolitik, in: Strafrecht in Reaktion auf Systemunrecht, Vergleichende Einblicke in Transitionsprozesse, *Eser/Sieber/Arnold* (Hrsg.), Freiburg i.Br.

Mario T. Gaboury/ Duane Ruth-Heffelbower (2010) Innovations in Correctional Settings, in: The Promise of Restorative Justice, S. 13–26.

Daniele Ganser (2020/2023) Illegale Kriege, Wie die NATO-Länder die UNO sabotieren – Eine Chronik von Kuba bis Syrien, Zürich/Frankfurt am Main.

Daniele Ganser (2020/2023) Imperium USA, Zürich/Frankfurt am Main.

James L. Gibson (2001) Truth, Justice and Reconciliation: Judging Amnesty in South Africa, St. Louis.

Pumla Gobodo-Madikizela (2003) A human being died that night, Boston/New York (Das Erbe der Apartheid, 2006, Hemsbach).

Richard Goldstone, Foreword, in: Looking back reaching Forward, Reflections on the Truth and Reconciliation Commission of South Africa, 2000, Cape Town.

Richard Goldstone, Truth, Trials and Tribunal, Interview with Richard Goldstone by Mechteld Boot & Richard van Elst, December 2012 (https://journals.sagepub.com/doi/pdf/10.1080/03064229808536366).

Richard Goldstone, 2015 Vancouver Human Rights Lectures, https://www.cbc.ca/radio/ideas/reconciliation-in-south-africa-has-it-succeeded-1.3418513.

Eduardo Gonzalez/Howard Varney (eds.), Truth Seeking: Elements of creating an effective. Truth Commission, 2013, New York.

Hagemann/Magiera (2023) Restorative Justice und Wiedergutmachung: Was ähnlich klingt, ist nicht dasselbe, in: Resozialisierung, Opferschutz, Wiedergutmachung – Grundlagen und Rahmenbedingungen, Bartsch et al. (Hrsg.), Baden-Baden, S. 17–36.

Hennessey Hayes (2007) Reoffending and restorative Justice, in: Handbook of Restorative Justice, *Johnstone/van Ness* (Hrsg.), S. 426–444, London.

Prescilla B. Hayner (2011) Unspeakable Truths: Transitional Justice an the challenge of Truth Commission, 2. Auflage, New York.

Johannes Kaspar (2004) Wiedergutmachung und Mediation im Strafrecht, Rechtliche Grundlagen und Ergebnisse eines Modellprojekts zur anwaltlichen Schlichtung, Münster.

Johannes Kaspar (2014) Der Täter-Opfer-Ausgleich, Recht – Methodik – Falldokumentation, Kasper/Weiler/ Schlickum (Hrsg.), Teil B III, Rechtliche Grundlagen, München.

Mark Kersten, Ukraine must investigate alleged war crimes by its forces, 16. Dezember 2022 (https://www.aljazeera.com/opinions/2022/12/16/ukraine-must-investigate-alleged-war-crimes-by-its-forces).

Michael Kilchling (2014), Die Europäische Opferrechtsrichtlinie, Unterstützung oder Hemmschuh für die Entwicklung der Restorative Justice?, in: Europäische Vorgaben zum Opferschutz, S. 46–56.

Michael Kilchling 2023 Die Entwicklung der Restorative Justice aus der internationalen Perspektive, in: Resozialisierung, Opferschutz, Wiedergutmachung – Grundlagen und Rahmenbedingungen, *Bartsch* et al. (Hrsg.), Baden-Baden, S. 61–82.

Sandra Kostner/Stefan Luft (Hrsg.) (2023) Ukrainekrieg, Warum Europa eine neue Entspannungspolitik braucht, Frankfurt a. M.

Robert N. Kraft (2014) Violent Accounts, Understanding the psychology of perpetrators through South Africa´s Truth and Reconciliation Commission, New York.

Antje Krog (1998) Country of my Skull, Cape Town.

Ottmar Kroll, Wahre und falsche Geständnisse in Vernehmungen, in: Siak Journal, Zeitschrift für Polizeiwissenschaft und polizeiliche Praxis 2014, S. 17–32.

Bettina Lang (2005) Strafrechtsbezogene Vergangenheitspolitik, Freiburg.

Lisa Laplante, Outlawing Amnesty: The Return of Criminal Justice in Transitional Justice Schemes, in: Virginia Journal of International Law 2009, S. 915–984.

Kenneth Laundra, Notes from the field, Restorative Justice in Ukraine: understanding practices and challenges, in: International Journal of Restorative Justice 2022, S. 263–280.

Tilman Lutz (2010) Wiedergutmachung statt Strafe? Restorative Justice und der Täter-Opfer-Ausgleich, in: Handbuch Jugendkriminalität, S. 405–413, Wiesbaden.

Ndaba, Mandela (2018) Mut zur Vergebung, Das Vermähtnis meines Großvaters Nelson Mandela, Köln. (Originaltitel: Going tot he Mountain, Life Lessons fromm y Grandfather Nelson Mandela, 2018, Hutchinsion London)

Lea Massow, Wahrheitskommissionen – Eine Alternative zum Strafverfahren?, in: Freilaw 4/2014, S. 31–35.

Martha Minow (1998) Between Vengeance and Forgiveness, Facing History after Genocide and Mass Violence, Boston.

Geiko Müller-Fahrenholz (2003) Versöhnung statt Vergeltung, Wege aus dem Teufelskreis der Gewalt, Neukirchen-Vluyn.

Volker Nerlich (2002) Apartheidkriminalität vor Gericht, Baden-Baden.

Vasuki Nesiah et al., Report on Truth Commissions and Gender: Principles, Policies, and Procedures for the International Center for Transitional Justice, July 2006: https://www.ictj.org/sites/default/files/ICTJ-Global-Commissions-Gender-2006-English_0.pdf.

Frank Neubacher, Strafzwecke und Völkerstrafrecht, NJW 2006, S. 966–970.

Daniel van Ness (2003) The shape of things to come: a framework for thinking about a restorative justice system, in: Restorative Justice, Theoretical Foundations, Weitekamp/Kerner (Hrsg.), S. 1–20, Devon.

Gaiane Nurdzhanian, Prosecutingwar crimes: are ukrainian courts fit to do it? Blog vom 11. August 2022, Blog of the European Journal of International Law, https://www.printfriendly.com/p/g/qmFjC2.

Don John Omale, Justice in History: An examination of ›African Restorative Traditions‹ and the emerging ›Restorative‹ Justice Paradigm‹, in: African Journal of Criminology & Justice Studies 2006, Vol. 2, S. 33–63.

Werner Olscher (1976) Recht und Strafe, 1976, Wien.

Tricia Olsen, Leigh Payne, Andrew Reiter, The Justice Balance: When Transitional Justice improves Human Rights and Democracy, in: Human Rights Quarterly 2010, Vol. 32, No. 4, S. 1004. https://muse.jhu.edu/pub/1/article/402724/pdf.

Stephan Parmentier, The South African Truth and Reconciliation Commission. Towards Restorative Justice in the field of human rights, in: Victim policies and criminal justice on the road to restorative justice, A collection of essays in honour of *Tony Peeters; Ezzat Fattah* and *Stephan Parmentier* (Hrsg.), S. 401–428.

Ruth Picker, Victims' Perspectives about the Human Rights Violations Hearings, 2005, S. 16 f. (https://csvr.org.za/docs/humanrights/victimsperspectivshearings.pdf).

Tapio Puurunen, The Committee on Amnesty of the Truth and Reconciliation Commission, Helsinki 2000.

Gustav Radbruch (1993) Gesamtausgabe, Bd. 10 (Strafvollzug), Heidelberg.

Dan Reisel (2015) Towards a Neuroscience of Morality, in: The psychology of Restorative Justice, Managing the Power within, S. 49–63, London/New York.

Nathalie Richter (2014) Täter-Opfer-Ausgleich und Schadenswidergutmachung im Rahmen von § 46 a StGB, Eine Problemanalyse unter besonderer Berücksichtigung der höchstrichterlichen Rechtsprechung seit 1995, Berlin.

Nicky Rousseau (2019) Itineraries: A return to the archives of the South African truth commission and the limits of counter-revolutionary warfare, Amsterdam.

Albie Sachs (1990) The Soft Vengeance of a Freedom Fighter, London.

Albie Sachs (1994) Personal Accounts in: *Boraine/Lewy/Scheffer* (Hrsg.), Dealing with the past, Truth and Reconciliation in South Africa, S. 120–130, Cape Town.

Jeremy Sarkins/ Sarah Ackermann, Understanding the extent to which Truth Commissions are gender sensitive and promote women's issues: compring and contrasting these thruth commission roles in South Africa, Guatemala, Peru, Sierra Leone and Liberia, 2019, in: Georgetown Journal of International Law, vol. 50, 2019, S. 463–516.

Christian Schaller, Völkerrechtliche Verbrechen im Krieg gegen die Ukraine, Optionen der Strafverfolgung auf nationaler und internationaler Ebene, 22. April 2022, Stiftung Wissenschaft und Politik (https://www.swp-berlin.org/10.18449/2022S05/).

Ann Skelton/M. Batley, Restorative Justice: A contemporary South African Review, in: Acta criminologica 21 (3) 208, S. 37–51.

Heather Strang (2002) Repair or Revenge: Victims and Restorative Justice, Oxford.

Jo Tein (2022) Die Empfehlungen des Europarats zur Restorative Justice und das Gesetz zur ambulanten Resozialisierung und zum Opferschutz in Schleswig-Holstein (ResOG SH) – Definition und Vereinheitlichung von Wiedergutmachungsdiensten auf Landesebene, in: TOA-Magazin 2/22, S. 14–18.

Christian Tomuschat, Clarification Commission in Guatemala, in: Human Rights Quarterly, 2001, S. 233–258.

Thomas Trenczek (2013) Restorative Justice in der Praxis, Täter-Opfer-Ausgleich und Mediation in Deutschland, in: DBH (Hrsg.): Restorative Justice. Der Versuch das Unübersetzbare in Worte zu fassen, S. 92–107, Köln.

Desmond & Mpho Tutu (2014) Das Buch des Vergebens, Berlin.

Desmond Tutu (2001) Keine Zukunft ohne Versöhnung, Düsseldorf.

Sergey Vasiliev (2022) The Reckoning for War Crimes in Ukraine Has Begun, What do the first convictions of Russian servicemen hold for the future?

https://foreignpolicy.com/2022/06/17/war-crimes-trials-ukraine-russian-soldiers-shishimarin/.

Dani Wadada Nabudere/Andreas Velthuizen (2013) Restorative Justice in Africa, From Trans-Dimensional knowledge to a culture of harmony.

Pete Wallis (2014) Understanding Restorative Justice, How Empathy can close the gap created by crime, Bristol.

Christina Livia Wendt, Die Wahrheits- und Versöhnungskommissionin Südafrika, Eine Wirkungsanalyse, 2009, unveröffentlicht (https://refubium.fu-berlin.de/bitstream/handle/fub188/718/01_Diss_Livia_Wendt.pdf?isAllowed=y&sequence=1.

Gerhard Werle/Moritz Vormbaum, Mauerfall und Transitional Justice, Wege der juristischen Aufarbeitung von Diktaturen, NJW 2019, S. 3282–3286.

Gerhard Werle/Moritz Vormbaum (2018) Transitional Justice, Vergangenheitsbewältigung durch Recht, Berlin.

Howard Zehr (1990) Changing Lenses, Restorative Justice for our Times, Virginia.

Berichte:

TRC Final Report, Vol. 1–5, 1998, Cape Town.
TRC Final Report, Vol. 6, 2003, Cape Town.
TRC Final Report, Vol. 7, 2003, Cape Town.
(https://www.justice.gov.za/trc/report/)

Final Report of the Truth and Reconciliation Commission of Canada, Volume 1, Summary, 2015, Toronto.

Anmerkungen

1 So hält etwa *Christian Tomuschat*, deutscher Professor für öffentliches Recht und Völkerrecht, den Rückzug der russischen Streitkräfte aus den bis 24. Februar 2022 zum ukrainischen Territorium gehörenden Gebieten völkerrechtlich für geboten. Eine realpolitischen Betrachtung zugrunde legend, sei dies jedoch nicht durchsetzbar. Siehe Vortrag in Meißen, 2022, S. 15 f. des unveröffentlichten Manuskripts.

2 https://www.ohchr.org/en/press-releases/2023/09/russias-war-ukraine-synonymous-torture-un-expert.

3 *Werle/Vormbaum*, Mauerfall und Transitional Justice, NJW 2019, S. 3282–3286 (3284 f.); *Werle/Vormbaum*, Transitional Justice, 2018, S. 67 ff. Zur Unzulässigkeit von Blankettamnestien siehe auch *Bock*, Das Opfer vor dem Internationalen Strafgerichtshof, 2010, S. 302.

4 *Restorative Justice* wird seit Jahrzehnten durch die Bundesregierung, die Europäische Union und die Vereinten Nationen stark gefördert. Vgl. nur die Erklärung der Justizminister des Europarates vom 13./14. Dezember 2021, siehe https://rm.coe.int/venice-ministerial-declaration-eng-4-12-2021/168oa4df79; die ECOSOC Resolution 2002/12, zitiert nach https://www.un.org/en/ecosoc/docs/2002/resolution%202002-12.pdf und die 2. Auflage des Handbuches zu Restorative Justice Praktiken der Vereinten Nationen, siehe https://unacov.uk/wp-content/uploads/2017/12/Handbook_on_Restorative_Justice_Programmes_2020.pdf und die Richtlinie 2012/29/EU, sogenannte Opferschutzrichtlinie, siehe https://eur-lex.europa.eu/LexUriServ/LexUriServ.do?uri=OJ:L:2012:315:0057:0073:DE:PDF. Inwieweit die Opferschutzrichtlinie RJ fördern soll, *Kilchling*, Die Europäische Opferrechtsrichtlinie, 2014, S. 46–56. Zu Restorative Justice im Einzelnen siehe gleich unten.

5 Vgl. statt vieler *Hayner*, Unspeakable Truths, 2011.

6 *Werle/Vormbaum*, Transitional Justice, 2018, S. 67, 72 ff.

7 Vgl. nur *Wallis*, Understanding Restorative Justice, 2014, S. 108 ff.; so auch schon *Wadada Nabudere/Velthuizen*, Restorative Justice in Africa, 2013, S. 43 ff.; *Berndt*, TOA aus Opferperspektive, 2017, S. 402 ff., 429, 442 ff.

8 *Albie Sachs*, Personal Accounts, 1994, S. 120–130 (124); *Albie Sachs*, The Soft Vengeance of a Freedom Fighter, 1990, S. 199.

9 Siehe dazu später ausführlich S. 8.

10 Siehe Ausschnitte daraus im *Truth Commission Special Report* vom 23. November 1997: https://sabctrc.saha.org.za/tvseries/episode75/play list.htm und 8. Februar 1998: https://sabctrc.saha.org.za/tvseries/epi sode80/playlist.htm.

11 So auch schon *Castillejo-Cuéllar*, Knowledge, Experience and South Africa's Scenarios of Forgiveness, 2007, S. 25.

12 Zur Abgrenzung von *Restorative Justice* und Wiedergutmachung siehe auch *Hagemann/Magiera*, Restorative Justice und Wiedergutmachung, 2023, S. 17–36 sowie *Kilchling*, Die Entwicklung der Restorative Justice aus der internationalen Perspektive, 2023, S. 61–82. Anders *Tein* 22, S. 14–18, der sich an der meines Erachtens nicht zutreffenden Übersetzung des Begriffs Restorative Justice mit »Wiedergutmachung« orientiert, in § 12 der Richtlinie 2012/29/EU (Opferschutzrichtlinie), Amtsblatt der Europäischen Union. Vgl. dazu auch *Kilchling*, (s.o.), der insoweit auch von einer misslungenen Übersetzung ausgeht.

13 Zum Begriff *Restorative Justice* auch schon *von Dewitz*, Restorative Justice in der Praxis, 2023, S. 37–60; *Hagemann/Magiera*, siehe vorherige Fußnote; sowie *Kilchling*, siehe vorherige Fußnote.

14 Nr. 10 der Erklärung der Justizminister des Europarates vom 13./14. Dezember 2021, zitiert nach https://rm.coe.int/venice-ministerial-declaration-eng-4-12-2021/1680a4df79.

15 *Braithwaite*, Restorative Justice and Responsive Regulation, 2002, S.3 ff.

16 *Zehr*, Changing Lenses, 1990, S. 184 ff.

17 So grundlegend *Zehr*, Changing Lenses, 1990, S. 160 ff.; *Desmond & Mpho Tutu*, Buch der Vergebungs, 2014, S. 221.

18 *Christie*, Conflicts as Property, in: The British Journal of Criminology, 1977, Vol.17, S. 1, 7, 9.

19 So auch schon *Lutz*, Wiedergutmachung statt Strafe? 2010, S. 405–413 (408); *Wallis*, Understanding Restorative Justice, 2014, S. 89.

20 *Wallis* (siehe vorherige Fußnote), S. 108; *van Ness*, The shape of things to come, 2003, S. 1–20 (1, 3).

21 Siehe nur *Berndt*, TOA aus Sicht des Opfers, 2017, S. 423; *Bock*, Das Opfer vor dem Internationalen Strafgerichtshof, 2010, S. 171 f.

22 Vgl. insoweit nur https://www.bmj.de/DE/Themen/OpferschutzUnd Gewaltpraevention/TaeterOpferAusgleich/TaeterOpferAusgleich_node. html

23 Vgl. dazu ausführlich *von Dewitz*, *Restorative Justice* in der Praxis, S. 77–100 (82 ff.). In Kanada und Neuseeland konnte ich an Konferenzen mit jugendlichen Beschuldigten teilnehmen, zu denen die Opfer zwar eingeladen, aber nicht erschienen waren. Zweck der Konferenz bestand darin, mit dem Beschuldigten ins Gespräch zu kommen, einen Plan auszuarbeiten, wie er das Geschehene wiedergutmachen und wie er sein Leben so verändern könnte, dass er keine Straftaten mehr begeht. Auch in New York konnte ich an einem *peace-making circle* teilnehmen, an dem nur die Beschuldigten teilnehmen. Hier ging es jeweils um Ladendiebstähle, denen ein klassisches Opfer fehlt. In New York genügt es für

eine Einstellung des Verfahrens bei Ersttätern, an einem *peacemaking circle* teilgenommen zu haben.

24 Vgl. dazu insbesondere *Richter*, Täter-Opfer-Ausgleich und Schadenswiedergutmachung, 2014, S. 137 ff.; *von Dewitz*, Täter-Opfer-Ausgleich und strafrechtliche Mediation, 2023, Teil 4, S. 81 ff.

25 *von Dewitz*, Täter-Opfer-Ausgleich und strafrechtliche Mediation, 2023, S. 63 ff.

26 *Richter*, Täter-Opfer-Ausgleich und Schadenswiedergutmachung, 2014, S. 48. Zu internationalen Ergebnissen vgl. nur *Hayes*, Reoffending and Restorative Justice, 2007, S. 426–444, (432 ff.); *Gaboury/ Heffelbower*, Innovations in Correctional Settings, 2010, S. 13–26 (13 ff.).

27 *Richter*, Täter-Opfer-Ausgleich und Schadenswiedergutmachung, 2014, S. 47 f.; *Trenczek*, Restorative Justice in der Praxis, S. 9–107 (103 m. w. N.).

28 *Reisel*, Towards a Neuroscience of Morality, 2015, S. 49–63 (57).

29 So *Kaspar*, Wiedergutmachung und Mediation im Strafrecht, 2004, S. 159.

30 Vgl. nur *Berndt*, Der TOA aus Sicht des Opfers, 2017, S. 44 ff. und die Rezension dazu: *von Dewitz*, SchlHA, 2022, S. 375–376.

31 So in dem ersten Fall in der Ukraine, in dem ein russischer Soldat wegen Mordes verurteilt worden war. Siehe dazu später unten. Im Übrigen vgl. nur *von Dewitz*, Täter-Opfer-Ausgleich und strafrechtliche Mediation, 2023, S. 103.

32 *Reisel*, Towards a Neuroscience of Morality, 2015, S. 49–63 (57).

33 Vgl. nur *Strang*, Repair or Revenge: Victims and Restorative Justice, 2002, S. 198; *Richter*, TOA und Schadenswiedergutmachung 2014, S. 407. *Kaspar/Weiler/Schlickum*, Der Täter-Opfer-Ausgleich, 2014, S. 96 und S. 102; *Wallis*, Understanding Restorative Justice, 2014, S. 195.

34 So auch schon *Christie*, Answers to Atrocities, 2001, S. 379–392 (386); *Kraft*, Violent Accounts, 2014, S. 152.

35 Zitiert nach *Boraine*, A country unmasked, S. 11.

36 So hatte 1993 das National Executive Committee (NEC) des ANC beschlossen, eine Wahrheitskommission zur Aufklärung der Menschenrechtsverletzungen, die durch den Staat, aber auch durch die Befreiungsbewegungen begangen worden waren, einzusetzen. Siehe nur *Boraine*, A country unmasked, S. 11 ff.

37 *Boraine* geht davon aus, ohne den Einsatz dieser Persönlichkeiten hätte es auch in Südafrika eine Generalamnestie gegeben, siehe nur: *Boraine*, A country unmasked, S. 38.

38 *Boraine*, A country unmasked, S. 50; Zur Entstehungsgeschichte des TRC-Act insgesamt siehe *Boraine*, A country unmasked, S. 47 ff., 270.

39 *Promotion of National Unity and Reconciliation Act 34 of 1995* (Förderung der nationalen Einheit und Versöhnung), kurz TRC-Gesetz genannt, https://www.justice.gov.za/legislation/acts/1995-034.pdf. Die Mandatszeit wurde mehrfach verlängert.

40 https://peacemaker.un.org/sites/peacemaker.un.org/files/zainterim constitution1993_2.pdf, S. 11.

41 Die ersten fünf Bände des Abschlussberichts konnten Präsident Nelson Manela am 29. Oktober 1998 überreicht werden. Die Bände 6 und 7 folgten erst 2003. Vgl. § 3 des TRC-Gesetzes; *Wadada Nabudere/Velthuizen*, Restorative Justice in Africa, 2013, S. 30, *Cherry*, Historical Truth 2000, S. 134–143.

42 Der Tag, an dem das Massaker von Sharpeville (am 21. März 1960) stattgefunden hat, wurde als Datum für den Beginn der Mandatszeit der Wahrheitskommission gewählt. Vgl. dazu nur *Burton*, The Truth and Reconciliation Commission, 2016, S. 29.

43 *Nelson Mandela* wurde am 10. Mai 1994 in sein Amt als Präsident Südafrikas eingeführt. Dieser Tag wurde als Ende der Mandatszeit der Wahrheitskommission gewählt.

44 Vgl. § 20 des TRC-Gesetzes. Vgl. im Einzelnen dazu auch *Werle/Vormbaum*, Transitional Justice, 2018, S. 73 ff.

45 *Kraft*, Violent Accounts, 2014, 43; *Lang*, Strafrechtsbezogene Vergangenheitspolitik, 2005, S. 340.

46 *Hayner*, Unspeakable Truths, 2011, S. 29.

47 So auch schon *Werle/Vormbaum*, Transitional Justice, 2018, S. 74.

48 Unter Apartheidsverbrechen sollen im Folgenden solche Handlungen verstanden werden, die Verbrechen der südafrikanischen Sicherheitskräfte zum Inhalt hatten, die der Aufrechterhaltung des Apartheidsregimes dienten.

49 *von Dewitz*, Südafrika 2005, S. 101 ff. m. w. N.

50 So schon *Nerlich*, Apartheidkriminalität vor Gericht, 2002. Ebenso *Parmentier*, The South African Truth and Reconciliation Commission, 2001, S. 401–428 (403 f.).

51 *Braun*, Einführung zu: Versöhnung braucht Wahrheit, 1999, S. 7–21 (17).

52 Siehe dazu ausführlich *von Dewitz*, Südafrika, 2005, S. 59.

53 Insoweit auch schon ausführlich *von Dewitz*, Südafrika, 2005, S. 116 f.

54 Siehe dazu ausführlich *von Dewitz*, Südafrika, 2005, S. 115.

55 AZAPO & Others v President of the Republic of South Africa 1996 (4) SA 671 (CC): http://www.saflii.org/za/cases/ZACC/1996/16.html.

56 Vgl. dazu auch *Werle/Vormbaum*, Transitional Justice, 2018, S. 79 f. m. w. N.

57 Vgl. nur §§ 29, 30 und 32 des TRC-Gesetzes (https://www.justice.gov.za/legislation/acts/1995-034.pdf).

58 So wurde der ehemalige Staatspräsident *P. W. Botha*, der sich geweigert hatte, einer Vorladung der Kommission nachzukommen, zu einer Geldstrafe von 10 000 Rand (damals etwa 1 400 Euro) und zu einer einjährigen Freiheitsstrafe auf Bewährung verurteilt. Wegen eines Formfehlers wurde das Urteil in der nächsten Instanz allerdings aufgehoben. Zitiert nach *von Dewitz*, Südafrika, 2005, S. 125. Siehe dazu auch den Truth Commission Special Report vom 1. Februar 1998: https://sabctrc.saha.org.za/tvseries/episode79/playlist.htm.

59 Vgl. dazu zusammenfassend *von Dewitz*, Südafrika 2005, S. 54 ff.; *dieselbe*, Die begrenzten Möglichkeiten einer strafrechtlichen Aufarbeitung von Systemunrecht, 2004, S. 133–154 (135 ff.).

60 https://sabctrc.saha.org.za/episodes.htm?start=50. *Braun,* Einführung zu: Versöhnung braucht Wahrheit, 1999, S. 7–21 (16).

61 Vgl. nur *Wadada Nabudere/Velthuizen,* Restorative Justice in Africa, 2013, S. 32; *von Dewitz,* Südafrika, 2005, S. 54.

62 Vgl. beispielsweise die Anhörung der fünf Polizeibeamten, die für die Todesschwadron in Vlakplaas gearbeitet hatten, im März 1997 in Pretoria, der die Autorin während ihres Praktikums beiwohnen konnte: https://sabctrc.saha.org.za/tvseries/episode37/playlist.htm Minute 1:57 ff.

63 *Boraine,* A country unmasked, 2000, S. 294.

64 An dieser Anhörung konnte die Autorin im Frühjahr 1997 in Cradock im Rahmen eines Praktikums an der Wahrheitskommission persönlich teilnehmen. Einige Ausschnitte dieser Anhörung finden sich in folgendem Ausschnitt des Special Reports vom 16. Februar 1997 wieder: https://sabctrc.saha.org.za/tvseries/episode35/playlist.htm.

65 Siehe Ausschnitte dazu im Truth Commission Special Report vom 21. September 997: https://sabctrc.saha.org.za/tvseries/episode66/playlist. htm.

66 Einige Ausschnitte dieser Anhörung finden sich in folgendem Ausschnitt des Trtuh Commission Special Report vom 27. Juli 1997 wieder: https://sabctrc.saha.org.za/tvseries/episode58/playlist.htm

67 Vgl. dazu ausführlich *Boraine,* A country unmasked, 2000, S. 145 ff.; S. 184; S. 187.

68 *Boraine,* A country unmasked, 2000, S. 157 f.

69 Vgl. nur *Burton,* The Truth and Reconciliation Commission, 2016, S. 78, S. 143; *Wadada Nabudere/Velthuizen,* Restorative Justice in Africa, 2013, S. 39 ff.; *Allais,* Restorative Justice, 2012, S. 331–363 (335).

70 TRC-Report, Vol. 5, S. 309.

71 So zusammenfassend *Rousseau,* Itineraries: 2019, S. 146; *Allais,* Restorative Justice, 2012, S. 331–363 (334 ff.).

72 So auch schon *Rousseau,* Itineraries: 2019, S. 150 ff.

73 Worauf schon *Rousseau,* Itineraries: 2019, S. 150 ff. unter Bezug auf Beispiele hinweist. Auch das Victim-Statement-Formular enthält keinerlei Fragen bezüglich der Bereitschaft zu verzeihen. Siehe Anlage 2.

74 *Burton,* The Truth and Reconciliation Commission, 2016, S. 48; TRC-Report, Vol. 1, S. 421.

75 Vgl. nur *Burton,* The Truth and Reconciliation Commission, 2016, S. 69; *von Dewitz,* Südafrika, 2005, S. 172; *Goldstone,* 2015 Vancouver Human Rights Lecture at the University of British Columbia, minute 28:36: https://www.cbc.ca/radio/ideas/reconciliation-in-south-africa-has-it-succeeded-1.3418513.

76 Vgl. den Bericht von *Brett Herron* in Daily Maverick vom 8. November 2022: https://www.dailymaverick.co.za/opinionista/2022-11-08-whats-happened-to-the-r2bn-in-south-africas-reparations-fund/.

77 *Eser/Arnold,* Transitionsstrafrecht und Vergangenheitspolitik, 2012, S. 418.

78 Vgl. nur *Skelton/Batley,* Restorative Justice, S. 37–51; *McLeod,* Reconciliation through Restorative Justice: Analyzing South Africa's Truth and Re-

conciliation Process, 2015, zitiert nach https://www.beyondintractability.org/library/reconciliation-through-restorative-justice-analyzing-south-africas-truth-and-reconciliation; *Minow*, Between Vengeance and Forgiveness, 1998, S. 91 ff.; *Omale*, Justice in History, 2006 Vol. 2, S. 33–63; *Parmentier*, The South African Truth and Reconciliation Commission. S. 401–428 (422).

79 TOA – Standards, 7. Auflage 2017, 6.3 (S. 26): https://www.toa-service buero.de/sites/default/files/bibliothek/toa-standards_7._auflage.pdf.

80 So auch schon *Parmentier*, The South African Truth and Reconciliation Commission. S. 401–428 (422).

81 Vgl. dazu nur *Rousseau*, Itineraries, 2019, S. 154.

82 Siehe dazu schon unten S. 16.

83 Unter Askari wird ein schwarzer Südafrikaner, in aller Regel vorheriges Mitglied des militärischen Arms des ANC, des MK, verstanden, der meist nach Folter durch die Polizei später für die Polizei in Südafrika arbeitet und in vielen Fällen seine eigenen, ehemaligen Kameraden des ANC verraten hat und an Ermordungen von (angeblichen) Systemgegnern beteiligt war. Vgl. dazu nur die Übersicht unter https://sabctrc.saha.org.za/glossary/askari.htm; *Cherry*, Historical Truth, 2000, S. 134–143 (135); https://sabctrc.saha.org.za/tvseries/episode37/playlist.htm.

84 Long Night's Journey into Day, 2000, Iris Films, https://newsreel.org/video/LONG-NIGHTS-JOURNEY-INTO-DAY wiedergegeben. Siehe auch https://www.youtube.com/watch?v=E-6cHQa6AIg;

85 *Castillejo-Cuéllar*, Knowledge, Experience and South Africa's Scenarios for forgiveness, in: Radical History Review, 2007, S. 11–42.

86 TRC Final Report, Vol. 6, 2003, S. 200; vgl. dazu auch ausführlich *Castillejo-Cuéllar*, Knowledge, Experience and South Africa's Scenarios for forgiveness, in: Radical History Review, 2007, S. 11–42.

87 Siehe Ausschnitte zu ihrer Amnestieanhörung im Truth Commission Special Report vom 13. Juli 1997: https://sabctrc.saha.org.za/tvseries/episode56/playlist.htm.

88 Vgl. nur *Desmond & Mpho Tutu*, The book of forgiving, 2014, S. 146 ff.; https://www.youtube.com/watch?v=fSLveeYlw5Y. Auch diese Geschichte ist Teil des Dokumentarfilms: Long Night´s Journey into Day, 2000, Iris Films, https://newsreel.org/video/LONG-NIGHTS-JOURNEY-INTO-DAY (https://www.youtube.com/watch?v=E-6cHQa6AIg).

89 Siehe zu der Begegnung den *Truth Commission Special Report* vom 8. Juni 1997: https://sabctrc.saha.org.za/tvseries/episode51/playlist.htm.

90 Siehe die Amnestientscheidung dazu: https://www.justice.gov.za/trc/decisions/1999/99_van%20vuuren.html.

91 *Picker*, Victims Perspectives about the Human Rights Violations Hearings, 2005, S. 16 f. https://csvr.org.za/docs/humanrights/victimsper spectivshearings.pdf.

92 Es sollte daran gedacht werden, das Modell der südafrikanischen Wahrheitskommission auch für die Aufarbeitung der Corona-Zeit in Erwägung zu ziehen.

93 *Tomuschat*, Clarification Commission in Guatemala, 2001, S. 233–258 (235 ff.).

94 *Hayner*, Unspeakable Truths, 2011, S. 21.

95 *Olsen/Payne/Reiter*, The Justice Balance, S. 1004.

96 Siehe *Clark*, The three Rs, Retribution, Restoration and Reconciliation, 2008 (zusammenfassend unter https://www.tandfonline.com/doi/abs/10.1080/10282580802482603 abrufbar. Vgl. insoweit auch *von Dewitz*, Südafrika 2005, S. 101 ff. m. w. N.

97 Vortrag in Sheffield, abgedruckt und übersetzt im TOA-Magazin 1/2016.

98 *Werle/Vormbaum*, Transitional Justice, 2018, S. 72 ff.; *Werle/Vormbaum*, Mauerfall und Transitional Justice, 2019, S. 3282–3286 (3285).

99 Siehe die Zusammenstellung der wichtigsten §§ des TRC-Gesetzes in Anlage 1.

100 *Krog*, Country of my Skull, 1998.

101 Vgl. die Zusammenfassung von sechs Monaten Interview mit Eugene de Kock *Gobodo-Madikizela*, A human being died that night, 2003.

102 Vgl. dazu insbesondere schon *Nerlich*, Apartheidkriminalität vor Gericht, 2002; *Krog*, Country of my Skull, 1998, S. 117.

103 So auch schon *Nerlich*, Apartheidkriminalität vor Gericht, 2002.

104 *Werle/Vormbaum*, Mauerfall und Transitional Justice, Wege der juristischen Aufarbeitung von Diktaturen, NJW 2019, S. 3282–3286 (3284 f.). Zur Unzulässigkeit von Pauschalamnestien siehe auch *Goldstone*, Foreword, 2000, S. IX, *Bock*, Das Opfer vor dem Internationalen Strafgerichtshof, 2010, S. 302. Kritisch zur Gewährung von Amnestien im Rahmen von Transitional Justice, *Laplante*, Outlawing Amnesty, 2009, S. 915–984.

105 *Neubacher*, Strafzwecke und Völkerstrafrecht, NJW 2006, S. 966–970 (969); *Berndt*, TOA aus Sicht des Opfers, 2017, S. 196, S. 423, S. 429, S. 452. Vgl. zur herausragenden Bedeutung von Wiedergutmachungsleistungen für Opfer von völkerrechtlicher Verbrechen *Bock*, Das Opfer vor dem Internationalen Strafgerichtshof, 2010, S. 176 f.

106 *Hayner*, Unspeakable Truths, 2011, S. 111.

107 *Hayner*, Unspeakable Truths, 2011, S. 113.

108 Vortrag von *Claude Jorda* als *Press Release* von 2001, zitiert nach https://www.icty.org/en/press/icty-and-truth-and-reconciliation-commission-bosnia-and-herzegovina.

109 Auch nach *Richard Goldstone*, Erster Präsident des südafrikanischen Verfassungsgerichts und späterer Chefankläger des IStGHs, schließen sich Wahrheitskommissionen und der IStGH nicht aus. Seiner Meinung nach sollte der IStGH jedoch Vorrang vor einer Wahrheitskommission haben. Der Chefankläger des IStGH würde einer Wahrheitskommission sagen, welche Personen er angeklagt sehen möchte. Diese könnten dann keine Amnestie vor einer Wahrheitskommission beantragen. *Goldstone*, Truth, Trials and Tribunal, 2012 (https://journals.sagepub.com/doi/pdf/10.1080/03064229808536366). Im Übrigen siehe dazu schon oben.

110 Die Bemühungen, nach dem Ende des Jugoslawien-Krieges eine Wahr- heits- und Versöhnungskommission ins Leben zu rufen, sind leider ge- scheitert. Zwar hat Präsident Kostunica 2002 durch das *presidential de- cree 59/702* eine Wahrheitskommission in Serbien eingesetzt. Jedoch schon vor Ende der Mandatszeit 2003 beendete die Wahrheitskommis- sion ihre Arbeit, ohne je Anhörungen durchgeführt zu haben. Vgl. nur Truth Commission: Serbia and Montenegro, Bericht des US Institute for Peace, 2001, February 1, 2002, https://www.usip.org/publications/2002/ 02/truth-commission-serbia-and-montenegro.

111 *Dragovic-Soso*, History of a Failure, 2016, S. 292–310 (309).

112 *Hayner*, Unspeakable Truths, 2011, S. 223 ff.

113 Vgl. dazu nur Sachstandsbericht der Wissenschaftlichen Dienste des Deutschen Bundestages vom 25. März 2022, Rechtliche Instrumente der Strafverfolgung und Dokumentation von Kriegsverbrechen im Uk- raine-Konflikt, https://www.bundestag.de/resource/blob/895840/8b9f 8976fa10fbaa6e1affbe1bfc00c4/WD-2-024-22-pdf-data.pdf sowie die Zusammenfassung der Landeszentrale für politische Bildung BW, https://www.lpb-bw.de/ukraine-kriegsverbrechen. Vgl. zu den Hinter- gründen des Krieges nur *Ganser*, Illegale Kriege, 2022, S. 257 ff.; *Baud*, Putin Herr des Geschehens?, 2023; *Kostner/ Luft* (Hrsg.)Ukrainekrieg, 2023.

114 Vgl. nur Sachstandsbericht der Wissenschaftlichen Dienste des Deut- schen Bundestages vom 25. März 2022, Rechtliche Instrumente der Strafverfolgung und Dokumentation von Kriegsverbrechen im Ukraine- Konflikt, https://www.bundestag.de/resource/blob/895840/8b9f8976 fa10fbaa6e1affbe1bfc00c4/WD-2-024-22-pdf-data.pdf, m. w.N.; *Ambos*, Ukraine Krieg und international Strafjustiz, in: DRiZ 2022, 170–173, S. 171 (https://www.department-ambos.uni-goettingen.de/data/docu ments/Veroeffentlichungen/epapers/DRiZ_4-2022_Ambos_S170.pdf).

115 Siehe nur https://asp.icc-cpi.int/states-parties.

116 Vgl. nur den Verweisungsbrief (*referral letter*) https://www.icc-cpi.int/ sites/default/files/2022-04/Article-14-letter.pdf; *Ambos*, Ukraine Krieg und international Strafjustiz, in: DRiZ 2022, S. 170–173, (171). https:// www.department-ambos.uni-goettingen.de/data/documents/Veroef fentlichungen/epapers/DRiZ_4-2022_Ambos_S170.pdf), *Ambos*, Dop- pelmoral, 2022, S. 28.

117 Vgl. dazu nur *Bülte*, Zwischen normativem Anspruch und prozessualer Wirklichkeit (https://voelkerrechtsblog.org/zwischen-normativem-an spruch-und-prozessualer-wirklichkeit-teil-ii/); *Schaller*, völkerrechtliche Verbrechen im Krieg gegen die Ukraine, Optionen der Strafverfolgung auf nationaler und internationaler Ebene, 22. April 2022), Stiftung Wis- senschaft und Politik, (https://www.swp-berlin.org/10.18449/2022S05/).

118 Vgl. nur die Zusammenfassung bei *Corten/ Koutroulis*, In-Depth Analy- sis, Tribunal for the crime of aggression against Ukraine – a legal assess- ment, requested by the DROI Subcommittee, December 2022, https:// www.europarl.europa.eu/RegData/etudes/IDAN/2022/702574/EXPO_

IDA(2022)702574_EN.pdf sowie BT-Drucksache 20/4311 vom 8. November 2022, S. 2f.

119 https://www.eurojust.europa.eu/international-centre-for-the-prosecu tion-of-the-crime-of-aggression-against-ukraine; https://www.eurojust. europa.eu/de/news/history-making-international-centre-prosecution-crime-aggression-against-ukraine-starts-operations-at-eurojust. Das ICPA soll zur Vorbereitung von Strafverfahren wegen Verbrechen der Aggression beitragen, indem es wichtiges Beweismaterial sichert und die Fallbearbeitung in einem frühen Stadium unterstützt.

120 BT-Drucksache 20/4311 vom 8. November 2022. https://www.cducsu.de/ presse/pressemitteilungen/die-einrichtung-eines-sondertribunals-ist-dringend-erforderlich.

121 *Christie*, Answers to Atrocities, 2001, S. 379–392 (386, 389) https:// books.google.nl/books?printsec=frontcover&id=26zkQ3Y4wyMC#v= onepage&q&f=false.

122 *Bauer*, So schafft man keine Gerechtigkeit, Die ZEIT vom 23. März 2023, https://www.zeit.de/2023/13/haftbefehl-wladimir-putin-internationaler-strafgerichtshof?utm_referrer=https%3A%2F%2Fwww.google.com%2F.

123 https://www.ohchr.org/en/press-releases/2023/09/russias-war-ukraine-synonymous-torture-un-expert. Vgl. weiter https://www.ukrinform.de/ rubric-ato/3630701-kriegsverbrechen-russlands-in-der-ukraine-polizei-leitet-47651-ermittlungsverfahren-ein.html. Am 4. August 2022 waren es schon mehr als 25 000 Ermittlungsverfahren, vgl. dazu https://www. printfriendly.com/p/g/qmFjC2.

124 Vgl. nur https://www.printfriendly.com/p/g/qmFjC2; https://www.fr.de/ politik/ukraine-kriegsverbrechen-prozesse-russland-soldaten-urteil-strafe-kiew-donezk-zr-91674357.html.

125 So *Nurdzhanian* in ihrem Blog vom 11. August 2022, Blog of the European Journal of International Law, https://www.printfriendly.com/p/g/ qmFjC2.

126 Art. 438 UkrStGB trägt die Überschrift: Verletzung der Gesetze und Gebräuche des Krieges. Abs.1 lautet: Grausame Behandlung von Kriegsgefangenen oder der Zivilbevölkerung, Vertreibung der Zivilbevölkerung zur Zwangsarbeit, Plünderung nationaler Werte im besetzten Gebiet, Einsatz völkerrechtlich verbotener Kriegsmittel, sonstige Verstöße gegen die Gesetze und Sitten von Krieg, werden mit Freiheitsstrafe von acht bis zwölf Jahren bestraft. Abs. 2 lautet: Dieselben Taten, wenn sie mit vorsätzlicher Tötung verbunden sind, werden mit Freiheitsstrafe von zehn bis fünfzehn Jahren oder mit lebenslänglicher Freiheitsstrafe bestraft. Vgl. insoweit auch https://www.lpb-bw.de/ukraine-kriegsverbre chen. Am 31. Mai 2022 wurden zwei weitere russische Soldaten zu 11,5 Jahren Freiheitsstrafe verurteilt, wegen Angriffen auf Dörfer, bei denen es keine menschlichen Opfer gegeben hatte, so der Bericht von *Vasiliev*, Direktor des *Amsterdam Center for Criminal Justice* und außerordentlicher Professor für internationales Strafrecht an der Universität Amsterdam, https://www.fr.de/politik/ukraine-kriegsverbrechen-pro zesse-russland-soldaten-urteil-strafe-kiew-donezk-zr-91674357.html.

127 So nach dem Gerichtsverfahrensbeobachter, *Vasiliev*, The Reckoning for War Crimes in Ukraine has begun, https://foreignpolicy.com/2022/06/17/war-crimes-trials-ukraine-russian-soldiers-shishimarin/.

128 Vgl. dazu auch schon *Ambos*, in einem Beitrag für die FAZ Einspruch vom 1. Juni 2022: https://www.faz.net/einspruch/ukrainische-verfolgung-voelkerrechtlicher-verbrechen-18073903.html.

129 So *Bock*, Wie fair sind Kriegsverbrecherprozesse in der Ukraine? Gastbeitrag LTO vom Mai 2022, https://www.lto.de/recht/hintergruende/h/kriegsverbrecherprozess-ukraine-lebenslang-gerecht-unabhngigkeit-justiz-opferstaat/; so auch *Ambos*, Doppelmoral, 2022, S. 13.

130 Vgl. dazu *Ambos*, in einem Beitrag für die FAZ Einspruch vom 1. Juni 2022: https://www.faz.net/einspruch/ukrainische-verfolgung-voelkerrechtlicher-verbrechen-18073903.html.

131 Vgl. nur https://www.eurotopics.net/de/285175/hochrangige-entlassungen-worum-geht-es-selenskyj.

132 Vgl. nur https://www.coe.int/de/web/portal/-/ukraine-venice-commission-recommendations-on-ethics-council-draft-legislation. Darauf weist auch schon *Ambos* in einem Beitrag für die FAZ, Einspruch vom 1. Juni 2022, hin, https://www.faz.net/einspruch/ukrainische-verfolgung-voelkerrechtlicher-verbrechen-18073903.html; sowie in Doppelmoral, 2022, S. 13.

133 So auch schon *Bock*, Lebenslange Haft für einen russischen Soldaten, 2022, S. 162–163.

134 Vgl. dazu nur *Kroll*, Wahre und falsche Geständnisse in Vernehmungen, 2014, S. 17–32 (18).

135 Darauf weist schon *Vasiliev* hin: The Reckoning for War Crimes in Ukraine has begun, https://foreignpolicy.com/2022/06/17/war-crimes-trials-ukraine-russian-soldiers-shishimarin/.

136 Tagesschau liveblog vom 7. November 2023. (https://www.tagesschau.de/newsticker/liveblog-ukraine-142.html).

137 So der Stand vom 30. Juni 2022; https://www.rnd.de/politik/krieg-in-der-ukraine-russland-will-eigenes-internationales-tribunal-schaffen-LZFQC46ZVLX27HVUI3DWIRATCU.html.

138 Vgl. dazu https://www.lpb-bw.de/ukraine-kriegsverbrechen. Leider konnte die Autorin nicht mehr zu dem internationalen Strafgerichtshof in Erfahrung bringen.

139 *Arnold* verweist in: Gedanken zur Aktualität von Kants Schrift »Zum ewigen Frieden«, 2023, S. 213 darauf, dass es im Sinne von *Immanuel Kant* Friedensvisionen bedürfe, »um die Hoffnung auf die Realisierung von Friedensvernunft aufrechterhalten zu können«.

140 Vortrag von *Claude Jorda* als *Press Release* von 2001, zitiert nach https://www.icty.org/en/press/icty-and-truth-and-reconciliation-commission-bosnia-and-herzegovina. Siehe dazu später unten.

141 So sieht das IStGB Statut einige Bestimmungen zur Stärkung der Rechte der Opfer vor. Siehe dazu ausführlich *Bock*, Das Opfer vor dem Internationalen Strafgerichtshof, 2010, Teil 5, D, E und F.

142 *Bock*, Das Opfer vor dem Internationalen Strafgerichtshof, 2010, S. 170 ff.

143 Siehe zur Diskussion um eine etwaige Begrenzung der Befugnisse einer Wahrheitskommission später unten.

144 Für die Etablierung einer Wahrheitskommission als eine Option nach dem Ende der kriegerischen Auseinandersetzungen in der Ukraine sprechen sich auch *Buitelaar/ Cormier/ Moran/ Napier/ Pobjie* und *Tchobo* in: Many pathways to justice in Ukraine, in: The Print, 23. Mai 2022, aus (https://theprint.in/world/many-pathways-to-justice-in-ukraine/967451/).

145 So auch schon *Braithwaite*, Putin's war, 2022, S. 1–11 (2).

146 Vgl. https://www.ohchr.org/en/stories/2022/05/ukraine-monitoring-devastating-impact-war-civilians.

147 Diese Forderungen stellte schon *Goldstone*, eh. Präsident des südafrikanischen Verfassungsgerichts, in einem Beitrag (opinion) in der NYT vom 18. Oktober 1998 für eine Wahrheitskommission für Bosnien-Herzegovina auf (https://www.nytimes.com/1998/10/24/opinion/IHT-ethnic-reconciliation-needs-the-help-of-a-truth-commission.html).

148 So auch schon *Sarkins/Ackermann*, Understanding the extent to which Truth Commissions are gender sensitive, 2019, S. 476, die mindestens 30 % Frauen als Kommissionsmitgliedern für notwendig halten, um zu garantieren, dass Fraueninteressen angemessen repräsentiert werden können.

149 *Tomuschat*, Clarification Commission in Guatemala, 2001, S. 233–258 (238 f.).

150 *Hayner*, Unspeakable Truths, 2011, S. 215.

151 Zitiert nach *Hayner*, Unspeakable Truths, 2011, S. 213.

152 Dem Beginn von Friedensgesprächen steht derzeit das Dekret des ukrainischen Präsidenten Selenskyj aus dem Herbst 2022 entgegen, wonach Verhandlungen mit Kremlchef Putin ausgeschlossen sind. Siehe dazu nur https://www.zdf.de/nachrichten/politik/verhandlungen-diplomatie-ukraine-krieg-russland-100.html.

153 *Paech*, Krieg gegen die Ukraine – Renaissance des Völkerrechts?, Vortrag aus 2023, unveröffentlichtes Manuskript S. 1. und *Ganser*, Illegale Kriege, 2022, S. 257 ff. weisen darauf hin, dass der kriegerische Konflikt in der Ukraine schon mit den Demonstrationen auf dem Maidan 2013/2014 begonnen hat, gefolgt von einem ständigen Krieg zwischen Kiew und Donezk und Lugansk mit 14 000 Toten, worüber im Westen aus unerklärlichen Gründen nie umfassend und neutral berichtet worden ist.

154 *Tomuschat*, Clarification Commission in Guatemala, in: Human Rights Quarterly 2001, S. 233–258 (239). *Prof. Dr. Christian Tomuschat* war Präsident der Wahrheitskommission in Guatemala.

155 Siehe dazu TRC-Gesetz Auszüge, Anhang 1.

156 Opferschutzrichtlinie 2012/29/EU vom 25. Oktober 2012 (https://eur-lex.europa.eu/legal-content/DE/TXT/PDF/?uri=CELEX:32012L0029&qid=1695138373908). Ähnliches gilt nach V Ziffer 8 der Resolution der

Generalversammlung 60/147 vom 15. Dezember 2005, Basic Principles and Guidelines on the Right to a Remedy and Reparation for Victims of Gross Violations of International Human Rights Law and Serious Violations of International Humanitarian Law. Siehe https://www.ohchr.org/en/instruments-mechanisms/instruments/basic-principles-and-guidelines-right-remedy-and-reparation.

157 Siehe Anlage 2.

158 So auch schon *Sarkins/Ackermann*, Understanding the extent to which Truth Commissions are gender sensitive, 2019, S. 478.

159 Vgl. dazu nur den Schlussbericht der kanadischen Wahrheitskommission, Final Report oft he Truth and Reconciliation Commission of Canada, Volume 1, Summary, 2015.

160 Siehe dazu nur https://www.rcaanc-cirnac.gc.ca/eng/1400782178444/1529183710887.

161 So der Bericht von Neil Leonard, *Elder of the Tk'emlups te Secwépemc First Nation at Kamloops*, Kanada in einem Interview mit der Autorin.

162 *Hayner*, Unspeakable Truths, 2011, S. 153 ff.

163 Zitiert nach *Hayner*, Unspeakable Truths, 2011, S. 155.

164 Vgl. dazu nur den eindrucksvollen Bericht von *Albie Sachs* im Epilog.

165 *Sarkins/Ackermann*, Understanding the extent to which Truth Commissions are gender sensitive, 2019, S. 498.

166 *Hayner*, Unspeakable Truths, 2011, S. 157 f.

167 Zum Umgang mit sexueller Gewalt gegen Frauen siehe später unten.

168 *Sarkins/Ackermann*, Understanding the extent to which Truth Commissions are gender sensitive, 2019, S. 510.

169 Zu den »*institutional hearings*« der Wahrheitskommission vgl. nur https://www.justice.gov.za/trc/special/index.htm. So wurden neben den politischen Parteien auch die Presse, die Wirtschaft, die Gefängnisse, das Gesundheitswesen öffentlich angehört (wohingegen die Justiz den Richtern verweigert hat, vor der Kommission zu erscheinen). Die Ergebnisse dieser Anhörungen sind in dem Bericht der Wahrheitskommission zusammengefasst. Vgl. dazu auch *Boraine*, A country unmasked, 2000, S. 145 ff.; *Burton*, The Truth and Reconciliation Commission, 2016, S. 95 ff. Siehe beispielsweise Auszüge dazu in Episode 58 und 66 des Truth Commission Special Report: https://sabctrc.saha.org.za/episodes.htm?start=50.

170 Siehe dazu bereits oben.

171 *Paech* in: Krieg gegen die Ukraine – Renaissance des Völkerrechts?, Vortrag aus 2023, unveröffentlichtes Manuskript S. 1.

172 Vgl. nur *Kersten*, Ukraine must investigate alleged war crimes by its forces, 16. Dezember 2022 (https://www.aljazeera.com/opinions/2022/12/16/ukraine-must-investigate-alleged-war-crimes-by-its-forces).

173 *Hayner*, Unspeakable Truths, 2011, S. 78 ff.

174 Zitiert nach *Hayner*, Unspeakable Truths, 2011, S. 79.

175 Auf den negativen Einfluss der USA insbesondere im Rahmen der gescheiterten Friedensgespräche im Frühjahr 2022 weist etwa schon *Gerhard Schröder* in einem Interview mit der Berliner Zeitung vom

21. Oktober 2023 hin: https://www.berliner-zeitung.de/politik-gesell
schaft/gerhard-schroeder-im-exklusiv-interview-was-merkel-2015-ge
macht-hat-war-politisch-falsch-li.2151196.

176 *Tomuschat*, Clarification Commission in Guatemala, 2001, S. 233–258
(241); *Hayner*, Unspeakable Truths, 2011, S. 215.

177 *von Dewitz*, Südafrika, 2005, S. 124 f.

178 So schon *Tomuschat*, Clarification Commission in Guatemala 2001,
S. 233–258 (242); *Hayner*, Unspeakable Truths, 2011, S. 216.

179 Vgl. nur *Tomuschat*, Clarification Commission in Guatemala, 2001,
S. 233–258 (249) für die Wahrheitskommission Guatemalas.

180 *Boraine*, Country unmasked, 2000, S. 384.

181 So auch schon *Calvet-Martínez*, Options for a Peace Settlement for Ukraine: http://opiniojuris.org/2022/08/11/options-for-a-peace-settlement-
for-ukraine-option-paper-xiv-transitional-justice-in-a-settlement-to-end-
the-conflict-between-ukraine-and-russia/. Zum Putsch in der Ukraine
siehe *Ganser*, Illegale Kriege, S. 250 ff.

182 Siehe dazu *Ganser*, Illegale Kriege, S. 250 ff., S. 258 ff.; *Ganser*, Imperium
USA, S. 321 ff.; *Paech* in: Krieg gegen die Ukraine – Renaissance des Völkerrechts?, Vortrag aus 2023, unveröffentlichtes Manuskript S. 1.

183 Vgl. zu den Voraussetzungen für eine Amnestierung nach dem TRC-
Gesetz *von Dewitz*, Südafrika, 2005, S. 134 ff.

184 Vgl. dazu schon ausführlich *Nerlich*, Apartheid vor Gericht, 2002.

185 *Tomuschat*, Clarification Commission in Guatemala, 2001, S. 233–258
(246).

186 Vgl. nur das Verfahren gegen *Vadim Shishimarin*. Ausführlich dazu
siehe oben 51 f.

187 Zitiert nach *Hayner*, Unspeakable Truths, 2011, S. 157.

188 Guatemala: Memoria del Silencio: Informe de la Comisión para el Escla-
recimiento Histórico, S. 373 ff. https://www.centrodememoriahistorica.
gov.co/descargas/guatemala-memoria-silencio/guatemala-memoria-
del-silencio.pdf (Vol. 3 Kapitel 2, § 37).

189 *Hayner*, Unspeakable Truths, 2011, S. 87.

190 *Sarkins/Ackermann*, Understanding the extent to which Truth Commissions are gender sensitive, 2019, S. 488.

191 So auch schon der Bericht von *Nesjah* et al., Truth Commissions and
Gender, 2006, S. 12.

192 So auch schon *Sarkins/Ackermann*, Understanding the extent to which
Truth Commissions are gender sensitive, 2019, S. 476, 477.

193 *Sarkins/Ackermann*, Understanding the extent to which Truth Commissions are gender sensitive, 2019, S. 484, 513.

194 *Sarkins/Ackermann*, Understanding the extent to which Truth Commissions are gender sensitive, 2019, S. 494 ff.

195 Truth and Reconciliation Commission of South Africa Report, vol. 4,
1998, chap. 10, sec. 144, S. 316.

196 Truth Seeking, *Gonzalez/Varney* (eds.), S. 57.

197 *Sarkins/Ackermann*, Understanding the extent to which Truth Commissions are gender sensitive, 2019, S. 484, 498, 508, 515.

198 Auf die Notwendigkeit dieser Befugnisse für eine Wahrheitskommission weist schon *Tomuschat*, Clarification Commission in Guatemala, S. 233–258 (246) hin.

199 Vgl. *Puruunen*, The Committee of Amnesty of the Truth and Reconciliation Commission, 2000, S. 58.

200 *Tomuschat*, Clarification Commission in Guatemala, 2001, S. 233–258 (249 f.).

201 Zu *Restorative-Justice*-Bewegung in der Ukraine vgl. nur *Khoronzhevych*, Implementation of Restorative Justice in Ukraine, 2011, University of Tromso, https://www.researchgate.net/publication/265002602_IMPLE MENTATION_OF_RESTORATIVE_JUSTICE_IN_UKRAINE; auch *Laundra*, Notes from the field, 2022, S. 263–280.

202 So der russisch-französische Journalist *Pozner* 2018, zitiert nach *Braithwaite*, Putin's war, 2022, s. 1–11, (3).

203 Vgl. *Khoronzhevych*, Implementation of Restorative Justice in Ukraine, 2011, https://www.researchgate.net/publication/265002602_IMPLE MENTATION_OF_RESTORATIVE_JUSTICE_IN_UKRAINE. Zu Restorative Justice in der Ukraine siehe auch *Laundra*, Notes from the field, 2022, S. 263–280.

204 *Braithwaite*, Putin's war, 2022, s. 1–11 (8): »*Restorative Justice is a social movement and a social science that has something to offer peacemaking. We can get involved in our small ways, knowing we do not have most of the answers, humble about how limited our capability is to do something against the magnitude of geopolitical power. Yet we can be hungrier to do what we can for a caring vision that reframes solutions.*«

205 So auch *Calvet-Martínez*, Options for a Peace Settlement for Ukraine: Option Paper XIV – Transitional Justice in a Settlement to End the Conflict between Ukraine and Russia, http://opiniojuris.org/2022/08/11/options-for-a-peace-settlement-for-ukraine-option-paper-xiv-transitional-justice-in-a-settlement-to-end-the-conflict-between-ukraine-and-russia/; *Hayner*, Unspeakable Truths, 2011, S. 217.

206 Worauf schon Priscilla Hayner hinweist, in: *Hayner*, Unspeakable Truths, 2011, S. 217.

207 Vgl. insoweit auch *Tomuschat*, Clarification Commission in Guatemala, S. 233–258 (248).

208 Zitiert nach *Hayner*, Unspeakable Truths, 2011, S. 159.

209 Siehe https://www.ohchr.org/en/instruments-mechanisms/instruments/basic-principles-and-guidelines-right-remedy-and-reparation.

210 *Hayner*, Unspeakable Truths, 2011, S. 163.

211 *Tutu*, Keine Zukunft ohne Vergebung, 1999, S. 56, Siehe dazu auch *Müller-Fahrenholz*, Versöhnung statt Vergeltung, 2003, S. 179; *Burton*, The Truth and Reconciliation Commission, 2016, S. 82 ff.

212 So wurde mir in Gesprächen mit Neil Leonard, *Elder of the Tk'emlups te Secwépemc First Nation at Kamloops*, Kanada berichtet, der Opfer zu Anhörungen vor der dortigen Wahrheitskommission begleitet hatte.

213 Diese Idee wurde von Neil Leonard, *Elder of the Tk'emlups te Secwépemc First Nation at Kamloops*, Kanada im Rahmen eines Interviews im Herbst 2023 entwickelt.

214 Vgl. *Hayner,* Unspeakable Truths, 2011, S. 167 ff.

215 Law no. 24,411, Argentina, December 7, 1994, zitiert nach *Hayner,* Unspeakable Truths, 2011, S. 169.

216 So auch *Wendt,* Die Wahrheits- und Versöhnungskommission in Südafrika, 2009, S. 232.

217 *Hayner,* Unspeakable Truths, 2011, S. 169.

218 *Gibson,* Truth, Justice and Reconciliation, 2002, S. 540–556 (543 f., 553 f.).

219 *Massow,* Wahrheitskommissionen, 2014, S. 34; *Hayner,* Unspeakable Truths, 2011, S. 62.

220 https://www2.gov.bc.ca/assets/gov/british-columbians-our-govern ments/indigenous-people/aboriginal-peoples-documents/calls_to_ action_english2.pdf.

221 Vgl. nur https://yellowheadinstitute.org/2019/12/17/calls-to-action-ac countability-a-status-update-on-reconciliation/.

222 So schon *Eser/Arnold,* Transitionsstrafrecht und Vergangenheitspolitik, 2012, S. 470.

223 *Eser/Arnold,* Transitionsstrafrecht und Vergangenheitspolitik, 2012, S. 470.

224 So auch schon *Eser/Arnold,* Transitionsstrafrecht und Vergangenheitspolitik, 2012, S. 470.

225 Es wäre sogar zu überlegen, ob Wahrheitskommissionen weltweit auch für die Aufarbeitung der Corona-Zeit eingesetzt werden sollten, um der Spaltung in den Gesellschaften etwas entgegenzuwirken und Rechtsfrieden und Versöhnung zu fördern.

226 So auch *Bock,* Lebenslange Haft für einen russischen Soldaten, 2022, S. 162–163 (162), die erklärt, dass Strafprozesse, die unmittelbar vor Ort geführt werden, weitaus wirkungsvoller sein dürften als Verfahren, die weit entfernt, z. B. in Den Haag vor dem Internationalen Strafgerichtshof, stattfinden.

227 So meine Erfahrung während meines zweimonatigen Praktikums an der südafrikanischen Wahrheitskommission. Siehe dazu auch *Hayner,* Unspeakable Truths, 2011, S. 218 f.

228 Zitiert nach Bundeszentrale für Politische Bildung, https://www.bpb.de/ kurz-knapp/hintergrund-aktuell/330724/vor-60-jahren-beginn-des-eichmann-prozesses/. So auch https://www.yadvashem.org/yv/de/exhi bitions/eichmann/awareness-of-the-holocaust.asp. Siehe dazu auch den Film: Der Fall Eichmann von 2015: https://www.justwatch.com/de/ Film/The-Eichmann-Show.

229 So auch *Albie Sachs* im Epilog.

230 *Radbruch* (1993) Gesamtausgabe, Bd. 10 (Strafvollzug), S. 76.

231 *Kelsen,* zitiert nach *Olscher,* Recht und Strafe, 1976, S. 278.

232 Unter Ubuntu versteht man eine Lebensphilosophie, die im alltäglichen Leben aus afrikanischen Überlieferungen heraus vor allem im südlichen Afrika praktiziert wird. Das Wort Ubuntu kommt aus den Bantuspra-

chen der Zulu und der Xhosa und bedeutet übersetzt so viel wie
»Menschlichkeit«, »Nächstenliebe« und »Gemeinsinn« sowie die Erfahrung und das Bewusstsein, dass man selbst Teil eines Ganzen ist (›*a
human being is a human being because of other human beings*‹). Siehe nur
Boraine, A country unmasked, 2000, S. 362.

233 »*The central concern is not retribution or punishment but, in the spirit of*
ubuntu, *the healing of breaches, the redressing of imbalances, the restoration
of broken relationships*«, zitiert nach *Allen*, Rabble-Rouser for Peace,
2006, S. 347.

234 Zitiert nach *Ndaba Mandela*, Mut zur Vergebung, Das Vermächtnis meines Großvaters, 2018, S. 38. Im Original: »*Bakuba – the perfect city, Utopia, whatever you want to call it – is a long way off. No one's ever gotten there.
But that doesn't mean it doesn't exist or that it can't exist in the future. It may
take effort and struggle to get there, but it's still worthwhile to work toward
that great vision of peace and equality*«. Going to the Mountain, 2018,
S. 25 f.

235 Dieser Epilog basiert bis zum Postskriptum zum großen Teil auf Aus-
zügen eines Vortrages von *Albie Sachs* auf einer Konferenz des Interna-
tionalen Zentrums für Ethnische Studien in Colombo, Sri Lanka, am 27.
Februar 2014 zum Thema: »Von gewaltsamen Konflikten zu friedlicher
Koexistenz« mit dem Titel: Meeting the Man Who Organised a Bomb in
My Car (Die Begegnung mit dem Mann, der die Autobombe in meinem
Auto organisierte), nachgedruckt in *Albie Sachs* (2016) We, The People.
Insights of an Activist Judge, Wits University Press.

236 Aus der englischen Originalversion des Epilogs so übernommen. Ge-
meint hat sich der Autor selbst.